누구나 알지만 아무도 모르는

진짜 공자

지은이

이수정 李洙正, Lee Su-jeong

일본 도쿄대 대학원 인문과학연구과 철학전문과정 수사 및 박사
과정을 수료하고 하이데거 연구로 문학박사 학위를 취득했다. 한
국하이데거학회 회장, 한국철학회·철학연구회·한국현대유럽철
학회 이사, 국립 창원대 철학과 교수·인문과학연구소장·인문대
학장·대학원장, 일본 도쿄대 연구원, 규슈대 강사, 독일 하이델
베르크대·프라이부르크대 객원교수, 미국 하버드대 방문학자 및
하버드한인연구자협회 회장, 중국 베이징대·베이징사범대 외적
교수 등을 역임했다. 월간 『순수문학』을 통해 시인으로 등단했
고 현재 창원대 명예교수와 대안연구공동체 교수로 활동 중이다. 주요 저서로는 『하이데거-
그의 물음들을 묻는다』(한국연구재단 우수저서), 『본연의 현상학』(문체부 우수도서), 『공자의 가치들』
(세종도서), 『생각의 산책』(세종도서), 『편지로 쓴 철학사』 I·II(문체부 우수도서), 『시로 쓴 철학사』(문
체부 우수도서), 『노자는 이렇게 말했다』(세종도서), 『소크라테스의 가치들』(세종도서), 『하이델베르
크와 프라이부르크의 사색일지』(문체부 문학나눔도서) 외 다수가 있다.

진짜 공자
『논어』의 숨은 명언들 제대로 읽기

초판발행 2025년 10월 30일

지은이 이수정

펴낸이 박성모
펴낸곳 소명출판
출판등록 제1998-000017호
　　주소 서울시 서초구 사임당로14길 15 서광빌딩 2층
　　전화 02-585-7840
　　팩스 02-585-7848
　　이메일 somyungbooks@daum.net
홈페이지 www.somyong.co.kr

　　ISBN 979-11-7549-012-3 03150
　　정가 18,000원

누구나
알지만
아무도
모르는

진짜 공자

『논어』의 숨은 명언들 제대로 읽기

이수정 지음

일러두기

- 이 책은 『논어』 일부를 발췌하여 해설한다. 단, 제자들의 발언은 배제했고 공자 본인의 발언 중 특히 조금 덜 알려진 '숨은 명언들'을 주목했다.
- 이 책은 '지식'을 '공부'하기 위한 것만은 아니다. '인간되기' 및 '인간적인 세상'에 기여하기 위한 것이다. 단, 지식으로서도 '가장 정확한 해석'임을 자부한다.
- 이 책은 졸저 『공자어록 – 그의 소문난 말들』(서광사, 2023)과 하나의 세트를 이루는 자매편이다. 인용 원문이 서로 달라 상호보완적인 성격을 갖는다.
- 『공자어록』과는 완전히 다른 책이나 두어 군데 전용한 부분이 있음을 밝혀둔다. 책의 완성도를 고려한 것이니 독자의 너그러운 양해를 구한다.
- 인용한 『논어』의 원문 및 장절의 구분은 이수태의 『새번역 논어』(생각의나무, 1999)를 준용했다. 단, 번역과 해석에는 일부 의견차이가 존재한다.
- 전통적-일반적인 해석과 다른 저자의 독자적인 새 해석들은 별표(✱)로 표시해 두었다. 논쟁적일 수 있지만 엄정한 해석학적 고뇌의 결과임을 밝혀둔다.
- 공자의 단독 발언 앞에 붙은 '자왈(子曰)'은 따로 번역하지 않았다. 대화 중의 그것도 '⋯⋯ 말씀하셨다'로 줄였다.
- 상론과 하론의 구분은 '쉬어 가기'를 위해 편의상 나눈 것이지, 일반적으로 정해진 것은 아니다.
- 각 편의 편집취지는 절대적인 것이 아니라 특별히 중시하지 않았다. 오직 내용만 보고 발췌했다.

좋은 말 한 마디는 쌀 한 포대보다 더 소중한 삶의 양식이 된다.
우리는 언어의 마법을 믿는다. 거기 사람의 마음이 묻어 있다면.

이 책은 '진짜 공자'와의 만남을 주선한다. 시중에는 가짜 공자가 너무 많다.

이 책은 『논어』를 철저하게 정확하게 그리고 친절하게 읽어주는 것이다. 단, 모든 지엽들을 다 잘라낸 '공자의 『논어』'다. 오직 공자의 원의만을 헤아리는 것이다.

공자와 『논어』는 낯설지 않다. 너무나 친숙하다. 그런데 참 묘하다. 공자는 2천수백 년에 걸친 초 유명 인사임에도 이 시대 젊은 세대에게는 희미한 원경일 뿐이다. 그나마도 소위 '공자 왈 맹자 왈'로 대표되는 교과서적인, 정답을 가르치려 드는, 고리타분한, 그런 좀 부담스런 이미지를 갖고 있다. 사람들은 그 실체를 잘 모른다. 왜? 역사적으로 너무나 왜곡되어 있기 때문이다. 심지어 누군가는 '공자가 죽어야 나라가 산다'는 자극적인 말까지 한 바 있다. 과한 표현이지만 그 배경은 이해된다. 공자를 표방한 조선유학의 병폐 같은 것도 부인할 순 없으니까.

그런데, 공자는 정말 그런 사람일까? 그의 본토인 중국은 물론 우리 한국과 일본 동남아까지 그리고 유럽과 미국에까지 광범위하게 이름을 알리고 심지어 '성인'으로까지 추앙된 역사가 있다. 그런 인기가 과연 우연한 것이었을까? 아니다. 세상 사람들의 반응과 평가에 우연은 없다. 뭔가가 있다.

나는 그걸 20대 대학생 때, 『논어』를 직접 읽으며 어렴풋이 느꼈다. '뭐지, 이 사람?' 눈이 동그래지는, 편견 / 선입견과는 한참 다른 모습이 있었다. 책상다리하고 앉아 '에헴'하는 꼰대선비가 아니었다. 신선했다. 있는 그대로의 걸출함, 그 실상을 동시대인들에게 정확히 알려주고 싶었다. 그래서 나는 잠시 의식의 타임머신을 타고 공자의 시대로 돌아가 그의 체온을 접하며 먼 훗날인 21세기의 현대인들과 소통을 시켜보려고 한다. 일종의 시간통신? 재미있지 않을까?

'내가 읽은 공자'는 '내가 알던 공자, 내가 들은 공자'와 많이 달랐다. 특히 한대와 송대, 그리고 조선의 공자는 『논어』의 공자가 아니었고 공자 본인이 아니었다. 관학과 주자학으로 덧칠된 그 공자는 가짜였다. 동중서董仲舒와 주희朱熹에게도 책임이 없지 않다.

공자의 팬으로서 말하지만, '진짜 공자'는 너무나 매력적인 철학자다. 생각과 언어의 천재였고 인격과 행위의 모범이었고 시와 음악과 그림과 활쏘기도 언급했고 요절한 애제자를 위해 통곡을 하기도 했던 '인간적인, 너무나 인간적인' 인물이었다. 게다가 생각과 말과 삶이 따로 놀지 않았던 온전한 군자다. 그의 눈은 아주아주 특별했다. '나己와 남人'을 축으로 '인간'과 '세상'을 바라봤고, 잘못된 것을 바로잡아正 제대로 된 것으로 바꿔보려易 인생을 걸었던 사람이다. 군자니 도덕이니 하는 저 단어들도 그런 맥락에서 들어야 하는 것이었다. 지극히 생생하고 구체적인 현실적 배경이 있었던 것이다. 단언하지만 그는 그때나 지금이나 저물지 않는 '별'이다.

물론 '진짜 공자'를 제대로 읽기는 쉬운 일이 아니다. 원전이 외국어인 한문인 데다 고대라는 한계가 있고 단편이라는 한계도 있다. 2천수백 년간의 이런저런 오독들도 다 그 때문이다. 나는 내가 전공한

서양철학^{특히 현상학-해석학}의 견지에서 그 한계에 도전했다. 거의 전례가 없는 드문 시도이나 나름의 강점 / 효과도 없지 않을 것이다. 진정한 '이해^{Verstehen}'의 핵심은 저 가다머가 말한 전통 / 텍스트와 현재 / 해석자의 지평융합^{Horizontverschmelzung} 즉 '문제의 공유'다. 문제의 원점 / 현장으로 직접 가보지 않으면, 그리고 '아하, 그때 거기서의 그게 바로 지금 여기서의 이거로구나!'하는 공감이 없으면, 고전의 진정한 이해는 원천적으로 불가능하다. 논어를 통째로 암기하더라도 그게 없으면 한갓된 지식일 뿐 아직 진정한 철학은 되지 못한다. 우리 자신이 직접 공자가 되어보는 '빙의'가 필수적이다.

'인간'과 '세상'에 조금이라도 관심이 있다면, 공자의 언어는 특별한 울림이 있을 거라고 확신한다. 부디 흥미롭고 유익한 독서가 되면 좋겠다.

2025년 가을, 서울에서
이수정

『논어』의 편명

* 제5 공야장(公冶長)과 제15 위령공(衛靈公)은
  다른 편명에 맞춰 두 글자로 가지런히 잘랐다.

제1부

『논어』 '상론'에서
만나는 공자

북경대 교정의 공자상(저자 직촬)

1

글공부보다 우선하는 것

● 제1편, 제6장

子曰, "弟子, 入則孝, 出則悌, 謹而信, 汎愛衆, 而親仁. 行有餘力, 則以學文."

자왈, "제자, 입즉효, 출즉제, 근이신, 범애중, 이친인. 행유여력, 즉이학문."

"제자는 (집에) 들어와서는 효도하고 나가서는 공손하며 삼가고 미더우며 널리 뭇 사람을 사랑하고 그리고 어진 이를 가까이할 것이니 이를 행하고도 남은 힘이 있으면 그 남은 힘으로 글을 배울 것이다."

이 말의 소개부터 시작한다. 『논어』의 시작은 "학이시습지 불역열호……"이다. 그게 엄청 유명하지만 좋은 말이 그뿐인 건 아니다. 여기선 이미 '소문난 말들'보다 '소문나야 할 말들'을 다뤄보고 싶다. 일종의 '숨은 보물'? 그게 어쩌면 우리들의 이 '포스트모던'한 시대 그리고 특히 젊은 엠지MZ 세대에게는 더 어울릴지도 모르겠다. '나의 별'이면 되는 것이다. 그런 말들이 수두룩하다.

물론 이런 말은 이 시대에 좀 낯설지도 모르겠다. 효, 제, 근, 신, 애중, 친인, 학문, 즉, 효도, 공손, 삼감, 미더움, 사랑, 어짊, 글배우기. 아주 생소하진 않을 것이다. 공자의 가치들. 그 유명한 배우고 익힘, 벗, 남이 알아주지 않아도 열받지 않음, 그런 것의 기쁨, 즐거움, 군자다움, 그런 것과 병렬되는 가치들이다.

공자에겐 '사람다움'과 관련된 이런 가치들이 엄청 많다. 최소한 50가지 이상이다._{졸저, 『공자의 가치들』, 에피파니, 2016 참조} 유명한 인의예지도 충효도 도덕도 군자도 다 그 중 하나다.

그런데, 공자는 왜 이런 소리를 했을까? 철학이 그 답을 알려준다. 진정한 언어는 그것이 나올 수밖에 없었던 배경이 있었다는 것이다. '문제적인 상황'이다. 공자의 이 말도 마찬가지다. 그냥 하는 말들이 아니었다. 그가 한 말들을 '뒤집어 읽기' 해보면 그 취지가 분명해진다. 이를테면 불효, 불손, 함부로, 불신, 사랑하지 않음, 어질지 않음, 그런 것들. 하나하나 따져보면 인간의 '불행', 세상의 '문제'와 어떤 식으로든 직결되는 것이다. 그래서 공자는 이런 말을 한 것이다. 배우겠다는 제자_{弟子}들 / 젊은이들에게. 인간의 삶에서 이런 게 가치가 된다고 호소한 것이다. 이게 소위 '학문_{學文}'_{글공부, 다시 말해 '지식'}보다 더 중요하다는 것이다. 학문은 '그 다음'이라는 거다. 물론 하지 말라는 건 아니다. 학문은 학문대로 엄청 중요하고 재미도 있다. 그건 틀림없다. 하지만 이런 걸 먼저 하고 여력이 있으면 그때 글공부를 하라는 말이다. 선후 / 우선순위가 분명하다. 효-제-근-신……이 글공부보다 먼저였다. 먼저 그런 덕성을 갖춘 '인간'이 되라는 거다. 이 시대는 그 순서가 반대다. 아니, 이 '먼저'가 거의 혹은 아예 없다.

나의 20대인 1970년대나 지금 2020년대나 우리 시대 우리사회가 공자가 살았던 저 2,500년 전 중국 노나라와 같을 수는 없다. 그러나 같을 수밖에 없는 것도 분명히 있다. 그건 우리들의 '삶'이라는 것이고 그 삶은 사람과 사람의 관계, 특히 사람이 사람을, 특히 내ㄹ가 남ㅅ을, 어떻게 대하는가 하는 데서 그 질이, 즉 행불행이 좌우된다는 사실이다. 그래서 공자는 이런 가치를 호소한 것이다.

이건 우리의 선택지다. 효도 할지 불효할지, 공손할지 불손할지, 함부로 할지 신중히 할지, 믿음직할지 미덥지 못할지, 뭇사람을 사랑할지 무관심할지, 어진 사람을 가까이할지 못된 사람을 가까이할지, 다 선택지다. '인간되기'를 위한 선택지다.

2,500년 전 한 중국 지성의 호소가 조금은 한국 젊은이들의 귀를 간지럽힌다면 좋겠다.

2

효는 인간관계의 근본

● 제1편, 제11장 / 제4편, 제20장

子曰, "父在觀其志, 父沒觀其行, 三年無改於父之道, 可謂孝矣."

자왈, "부재관기지, 부몰관기행, 삼년무개어부지도, 가위효의."

"아버지께서 살아계신 동안은 그 뜻을 살피고 아버지께서 돌아가신 후에는 그 행적을 살핀다. 삼 년이 되도록 (돌아가신) 아버지의 노선을 바꾸지 않는다면 효성스럽다 할 수 있다."

● 제2편, 제7장

子游問孝. 子曰, "今之孝者, 是謂能養. 至於犬馬, 皆能有養, 不敬, 何以別乎?"

자유문효. 자왈, "금지효자, 시위능양. 지어견마, 개능유양, 불경, 하이별호?"

자유子游가 효에 대해 물었다.……말씀하셨다. "오늘날의 효도라는 것은 능히 돌볼 수 있는 것을 말한다. 개나 말에 이르러서도 모두 돌볼 수는 있는 것이니 공경하지 않는다면 무엇으로 구별하겠느냐?"

● 제17편, 제21장

宰我問, "三年之喪, 期已久矣. (…중략…) 期可已矣." 子曰, "食夫稻, 衣夫錦, 於女安乎?" 曰, "安." "女安則爲之! 夫君子之居喪, 食旨不甘, 聞樂不樂, 居處不安, 故不爲也. 今女安則爲之!" 宰我出. 子曰, "予之不仁也! 子生三年, 然後免於父母之懷. 夫三年之喪, 天下之通喪也, 予也有三年之愛於其父母乎!"

재아문, "삼년지상, 기이구의. (…중략…) 기가이의." 자왈, "식부도, 의부금, 어여안호?" 왈, "안." "여안즉위지! 부군자지거상, 식지불감, 문악불락, 거처불안, 고불위야. 금여안즉위지!" 재아출. 자왈, "여지불인야! 자생삼년, 연후면어부모지회. 부삼년지상, 천하지통상야, 여야유삼년지애어기부모호!"

재아宰我가 물었다. "삼년상은 기간이 너무 깁니다. (…중략…) 1년이면 되리라 봅니다."……말씀하셨다. "쌀밥을 먹고 비단옷을 입는 것이 너에게는 편안하냐?" 재아가 말했다. "편안합니다." "네가 편안하다면 그렇게 해라. 실로 군자가 상중에 있을 때에는 맛있는 것을 먹어도 맛있지 않고 음악을 들어도 즐겁지 않으며 집에 거해도 편안하지 않은 까닭에 그렇게 하지 않는 것이다. 그러나 지금 네가 편안하다면 그렇게 해라." 재아가 나가자……말씀하셨다. "여予는 어질지 못하구나. 자식은 태어나서 삼 년이 지난 후에야 부모의 품을 벗어나니 실로 삼년상은 천하 공통의 상례다. 여予도 그 부모로부터 삼 년 동안의 사랑은 받았을 것이다."

이 셋은 모두 '효孝'라는 가치를 언급한다. 그의 이 말들은 '부모-자식 관계'를, 특히 부모에 대한 자식의 태도를 돌아보게 한다. 별 주목은 못 받겠지만, 이것은 지금도 여전히 유효한 가치론이다. 아무리 세상이 변했어도 부모 없이 태어나는 / 성장하는 / 살아가는 자식은 없기 때문이다. 지금은 이 효라는 게 거의 무너진 현실이기에 더욱 그 문제성이 부각된다.

지금도 물론 무수한 효자 / 효녀들이 있고 그로 인해 행복한 부모들이 있다. 칭찬받아 마땅하다. 그들의 '효'에는 과연 무엇이 있는 걸까. 공자가 한 위의 말에서 특별히 돋보이는 것은 '3년'과 '공경'이라는 것이다. 효의 이유와 방식?

'3년'이라는 건 "자식은 태어나서 삼 년이 지난 후에야 부모의 품을 벗어나니"라는 것과 "그 부모로부터 삼 년 동안의 사랑은 받았을 것"이라는 게 그 핵심이다. 물론 그게 3년에 그칠 리도 없다. 요컨대 그 원초적-기본적인 사랑을 기억 / 의식하는 것이다.

그게 '공경'과 무관할 리 없다. '관기지觀其志-관기행觀其行'부모의 뜻을 살피고 행적을 살핌도 같은 맥락이다. 가장 핵심적인 효론인 '부모가 오직 그 자식이 아플까만 걱정하는 것'.제2편 제6장, 父母唯其疾之憂 즉 아플까 하는 걱정 이외에 아무런 걱정도 끼치지 않는다는 것, 그것도 역시 같은 맥락이다. 효 / 불효란, 자식 된 자가 그 부모를 '어떻게 생각하느냐'로 결정된다. 그런 태도가 모든 인간관계의 근본이 된다. '정치'의 요체도 바로 거기에 있다.제2편 제21장, "子奚不爲政?""書云, '孝乎惟孝, 友于兄弟, 施於有政.' 是亦爲政, 奚其爲爲政?" 효와 정치의 연결이라니, 참으로 흥미롭다.

3

가난해도 부유해도

● 제1편, 제15장

子貢曰, "貧而無諂, 富而無驕, 何如?" 子曰, "可也, 未若貧
而樂, 富而好禮者也." 子貢曰, "詩云, '如切如磋, 如琢如磨',
其斯之謂與?" 子曰, "賜也, 始可與言詩已矣, 告諸往而知來者."

자공왈, "빈이무첨, 부이무교, 하여?" 자왈, "가야, 미약빈이락, 부
이호례자야." 자공왈, "시운, '여절여차, 여탁여마', 기사지위여?" 자왈,
"사야, 시가여언시이의, 고저왕이지래자."

자공이 말했다. "가난하면서도 비굴하지 않고 부유하면서도 거
만하지 않다면 어떻습니까?"……말씀하셨다. "괜찮다. 그러나 가
난하면서도 즐거워하고 부유하면서도 예를 좋아하는 것만은 못하
다." 자공이 말했다. "시경에서 '자른 듯, 벼린 듯, 쫀 듯, 간 듯' 한 것
은 바로 이를 두고 한 말이겠군요?"……말씀하셨다. "사賜야. 비로소
함께 시를 말할 수 있게 되었구나. 가는 것에 대해 일러주었더니 오
는 것까지 아는구나."

제자 자공子貢, 사(賜)과 공자의 대화다. 유명한 '절차탁마切磋琢磨'라는 말이 여기에 인용되어 있어 흥미를 끈다. 그런데 이 대화의 핵심은 '빈이락 부이호례貧而樂, 富而好禮(가난하면서도 즐거워하고 부유하면서도 예를 좋아하는 것)'이다. 이게 '빈이무첨 부이무교貧而無諂, 富而無驕(가난하면서도 비굴하지 않고 부유하면서도 거만하지 않은 것)'와 대비되고 있다. '빈부'가 대화의 주제라는 게 일단 흥미롭다. 그런데 진짜 주제는 빈부 자체가 아니라 그런 상태에서의 '태도'다. '무첨無諂-무교無驕'와 '락樂-호례好禮'다. 각각 자공과 공자의 관심사다. 자공은 그게 '어떻습니까'하고 물었고 공자는 '괜찮다可也' 그렇지만 '……만은 못하다未若'고 대답했다.

자공이 거론한 '빈이무첨 부이무교'만 해도 사실 대단한 가치다. 그러기가 어디 쉽겠는가. 가난하면 대개 비굴하게 아첨하기 쉽고 부유하면 대개 꼴사납게 교만하기 쉽다. 이건 지금도 우리 주변을 둘러보면 곧바로 확인된다. 특히 종종 사건으로 기사화되는 재벌 몇세의 갑질 같은 것이 전형적인 부이교에 해당한다. 빈이첨은 있는 사람 높은 사람에게 빌붙어 뭔가 이득을 얻으려고 입으로 몸으로 알랑대는 무수한 사람들이 그 진실성을 입증해준다.

그런데. 공자는 그것을 인정하면서도 한 걸음 더 나아간다. 그게 '빈이락 부이호례貧而樂, 富而好禮'다.

'빈이락'은 빈자에게 해당하는 덕이다. 소위 '안빈낙도安貧樂道'로 더 잘 알려져 있다. 가난한 상태에서도 즐기라는 것이다. 즐거울 수 있으라는 말이다. 뭘? 생활 자체다. "훌륭하구나. 회回는! 한 그릇의 밥과 한 쪽박의 물만 가지고 누추한 거리에 살면 여느 사람이라면 그 고충을 이기지 못할 텐데 회만은 그 즐거움을 바꾸지 않으니. 훌

룽하구나. 회는!제6편, 제11장, 賢哉回也! 一簞食, 一瓢飮, 在陋巷, 人不堪其憂, 回也不改其樂, 賢哉回也!"에서 보이는 즐거움이 그런 것이다. 가난이 즐겁지 못할 이유는 아니란 것이다.

'부이호례'는 부자에게 해당하는 덕이다. 교만하지 않음을 넘어 예를 좋아함이다. 예는 그 개념이 간단치 않으나 대략 타인에게 격식을 갖추어 깍듯이 대하는 것이다. 무시가 아닌 존중이 그 바탕에 있다. 말이 그렇지 이러기가 쉬운 일은 아니다. '있는 사람'은 특히 그렇다. 그러니 이게 덕이 되는 것이다. 이런 건 예사롭지 않다. 특히 갑질이 예사가 되어버린 오늘날은 더욱 그렇다. 본인이 직접 '무례 / 무시'를 당해보면 더더욱 그렇다. 곧바로 이 가치가 가슴에 다가온다.

'절차탁마'옥돌을 다듬듯 하는 세심한 인격의 도야가 사람에게 필요한 까닭이 이런 현실에 있다. '빈이무첨 부이무교'가 '빈이락 부이호례'로까지 심화-발전되기 위해 그게 필요한 것이다.

4

군자의 말과 행위

● 제2편, 제13장

子貢問君子. 子曰, "先行其言而後從之."

자공문군자. 자왈, "선행기언이후종지."

자공이 군자에 대해 물었다.……말씀하셨다. "(자기가) 먼저 그 말을 행하고 나서 그 말을 따르게 한다."＊

군자君子에 관한 말이다. '군자'론은 『논어』에서 100차례 이상 언급되는 만큼 그 정의가 간단치 않으나 일단 훌륭한 도덕적 인격자 정도로 이해해두기로 하자. 원래는 정치적으로 지도적인 위치의 인물을 지칭했다. '불기不器' '주이불비周而不比' '유어의喩於義' '눌언민행訥言敏行' '박학어문博學於文 약지이례約之以禮' '탄탕탕坦蕩蕩' '불우불구不憂不懼' '성인지미成人之美' '화이부동和而不同' '태이불교泰而不驕' '상달上達' '치기심恥其言 과기행過其行' '수기이경修己以敬 수기이안인修己以安人 수기이안백성修己以安百姓' 등 공자의 찬연한 핵심 가치들이 이 군자라는 이름에 의탁돼 있다.

그런데 여기 이 말은 의외로 그 해석이 구구하다. 그런데 이렇게 읽어야 그 의미가 살아난다. 말의 취지는 단순명쾌하다. 여기서 우리는 '행行'과 '언言'과 '종從'이라는 말을 주시해야 한다. 기본은 말을 함과 그 말을 따름이다. 정치의 기본이기도 하고 교육의 기본이기도 하다. 말도 따름도 가치적인 행위다. 필요한 일이다. 그런데 공자는 여기서 '선행기언先行其言'을 말한다. '(내가 하는) 이 말을 따라주기' 바란다면, 군자는 자기가 먼저 그 말을 행한다는 것이다. 자기도 행하지 않는, 행할 수 없는 말은 '따르라從'고 하지 않는다는 말이기도 하다. 이 말의 취지는 일종의 솔선수범이다. "진실로 자기 자신을 바르게만 한다면 정치를 함에 있어 무엇이 더 필요하겠느냐? 자기 자신을 바르게 하지 못한다면 어떻게 남을 바르게 하겠느냐^{제13편 제13장, 苟正其身矣, 於從政乎何有? 不能正其身, 如正人何?}"와도 그 취지가 통한다.

지금 우리가 사는 세상에는 행行과 언言이 따로따로인 사람들이 너무 많다. 그러고서 남에게는 자기 말을 따르라從고 한들 그게 통하겠는가. "너나 잘하세요"라는 비아냥이 그래서 인기를 끄는 것이다. 남이 자기 말에 따라주기를 바란다면 자기가 먼저 그 말을 행해야 한다.

5

말과 행동을 신중히

● 제2편, 제18장

子張學干祿. 子曰, "多聞闕疑, 愼言其餘, 則寡尤, 多見闕殆, 愼行其餘, 則寡悔. 言寡尤, 行寡悔, 祿在其中矣."

자장학간록. 자왈, "다문궐의, 신언기여, 즉과우, 다견궐태, 신행기여, 즉과회. 언과우, 행과회, 록재기중의."

자장이 녹을 위해 배우자 선생님께서 말씀하셨다. "많이 들어 의심스러운 것은 제쳐 놓고 나머지를 신중히 말하면 허물이 적을 것이다. 많이 보아 위태로운 것은 제쳐 놓고 나머지를 신중히 행하면 뉘우침이 적을 것이다. 말에 허물이 적고 행동에 뉘우침이 적으면 녹은 그 가운데에 있다."

공자의 이 말은 '학간록學干祿'이라는 상황을 전제하고 있다. '관리가 되기 위해 공부한다'는 뜻이다. '국록을 먹는다'는 그 '록'이다. 요즘 식으로 말하면 공무원시험 준비? 제자 자장子張이 그랬다는 것이다. 그것에 대한 반응 내지 조언이다.

그 핵심은 결국 언言 / 행行이다. 그 언행의 내용이 과우寡尤 / 과회寡悔, 즉 말에 허물이 적고 행동에 뉘우침이 적은 것이다. 먼저 그렇게 하라는 것이다. 비교적 명쾌하다.

　어떻게 하면 그렇게 될까? 그것도 간단하다. 신언慎言 / 신행慎行이다. 말과 행동을 신중히 하라는 것이다. 단순명쾌하다. 단 전제가 있다. 엄밀히 말하자면 두 가지다. 하나는 다문多聞 / 다견多見 즉 많이 듣고 많이 보라는 것이고 또 하나는 궐의闕疑 / 궐태闕殆 즉 의심스러운 것 / 위태로운 것을 제쳐놓으라 / 비우라 즉 하지 말라는 것이다. 그리고 그 나머지 것을 신중히 하라는 것이다.

　말은 좀 복잡해 보이지만 그 취지는 간명하다. 공직을 맡아 나라의 녹을 먹겠다면 많이 듣고 많이 보고 견문을 넓혀 문제의 여지를 없애고 나머지 일들에 대해서도 최대한 신중히 말하고 신중히 행하라는 것이다. 말하자면 일종의 공직자 기본강령같은 것이다. 오늘날도 여전히 유효한 지침이 아닐 수 없다. 그 반대의 모습신중하지 못한 언행이 소위 국록을 먹는 공직자들에게 너무나 많이 보이기 때문이다. 공무원시험에 이런 내용이 꼭 출제되면 좋겠다. 그러면 조금이라도 그 언행에 신경을 쓰게 되지 않겠는가.

6

사람의 미더움

● 제2편, 제22장

子曰, "人而無信, 不知其可也. 大車無輗, 小車無軏, 其何以
行之哉?"

자왈, "인이무신, 부지기가야. 대차무예, 소차무월, 기하이행지재?"

"사람이 믿음이 없으면 그가 된 사람인지 알 수가 없다. 큰 수레
에 수레채잡이가 없고 작은 수레에 끌채잡이가 없다면 무엇으로
그 수레를 나아가게 할 수 있겠느냐?"

공자는 여기서 사람의 믿음信을 말하고 있다. 종교적 신앙이 아
니다. 신용이다. 물론 경제적 신용도 아니다. 인간적 미더움이다. 믿
을 수 있는 사람인가 어떤가이다. 말하고 싶은 것은 당연히 믿을 수
있는 사람이어야 한다는 것이다. 왜 이런 말을 했을까? 못 믿을 인
간이 세상에 많기 때문이다. "그가 된 사람인지 알 수가 없다不知其可
也"는 것은 사람의 평가에 '신信'이라는 게 결정적 기준이 된다는 것
이다. '가可'라는 것은 공자가 즐겨 사용하는 사람에 대한 평가어다.

'그만하면 됐다', '할만하다'는 뜻이다. 합격이란 말이다. 그러니 믿을 수 없는 사람은 사람으로서 불합격이란 말이다.

공자는 실감나는 비유를 하고 있다. 수레의 예輗 / 월軏 즉 수레채잡이 / 끌채잡이가 없는 경우다. 요즘은 수레라는 걸 안 타니까 정확한 기능은 좀 불명이지만 간단히 말하자면 자동차의 핸들이나 브레이크 같은 경우다. 그게 없다면 차를 탈 수가 없다. 그게 있고 그걸 믿으니까 운전을 할 수 있는 것이다.

사람에게 믿음성이라는 게 그런 격이라는 말이다. 그게 없는 인간들이 그때도 많았다는 방증이니 흥미롭다. 지금은 어떠한가. 더하면 더했지 덜하다 할 수 없다. 못 믿을 인간들이 지천에 널려있다. 선거 때마다 공약을 남발하고 당선되면 거의 잊어버리고 지킬 생각도 없는 정치인은 아마도 그 대표 격일 것이다.

공자의 이 말은 '신信믿음성이라는 게 인간의 기본 가치임을 확실히 알려준다. 그때 거기서나 지금 여기서나.

7

아첨과 용기 없음

● 제2편, 제24장

子曰, "非其鬼而祭之, 諂也. 見義不爲, 無勇也."

자왈, "비기귀이제지, 첨야. 견의불위, 무용야."

"자기에게 해당하는 귀신이 아닌데도 제를 올리는 것은 아첨하는 짓이다. 옳은 일을 보고도 행하지 않는 것은 용기가 없음이다."

『논어』의 큰 특징 중 하나가 그 간명함이다. 짧은 단문이 대부분이다. 이는 반갑기도 하고 아쉽기도 하다. 아쉬운 건 그 문맥이 없고 따라서 그 정확한 의미가 애매할 수 있기 때문이며 반가운 건 그 취지나 방향이 분명하고 그리고 그 말에 대한 해석의 여지가 넓기 때문이다.

이 말도 그렇다. 여기서 공자는 두 마디 말을 한다. 그런데 앞뒤의 말에 연결점이 없다. 따로따로 읽을 수밖에 없다.

앞에서는 '귀鬼'에 대한 '제祭'를 말한다. 문맥상 이 '귀'는 현재 우리가 생각하는 '귀신'과는 좀 다르다. '제사'의 대상이다. 아마 '사후에 후손들로부터 기억되고 추앙받을 혼령' 같은 존재일 것이다. 그런데 공자는 '비기귀非其鬼'에 대한 제사를 말하며 그것은 '첨諂'아첨이라고 말한다. 비판적 / 부정적 평가다. 이게 어떤 경우인지는 좀 불명확하나 실제로 이런 경우가 있었던 모양이다. '제'에 대한 공자의 다른 언급들을 참고해 보면 중요한 것은 '예禮'이고 '함께함'이고 '진심'이다.제2편 제5장, 生, 事之以禮. 死, 葬之以禮, 祭之以禮; 제3편 제12장, 吾不與祭, 如不祭 대상자와 아무 상관없는 형식적 제사는 없는지 돌아볼 일이다.

뒤에서는 '견의불위見義不爲옳은 일을 보고도 행하지 않음'를 말한다. 이건 무슨 말인지 명확하다. 실제로 이런 경우, 너무 많다. 큰 일 작은 일, 요즘 시대엔 더 많다. 물론 어떤 일이 '의義'인가는 철학적 고민이 따른다. 간단친 않다. 그러나 적어도 스스로가 '의義'라고 본다면 '위爲' 즉 해야 한다고 공자는 전제한다. 그게 용기인 것이다. 의라고 생각하면서도 안 하는 건 '무용無勇' 즉 용기가 없다는 것이다. '용기'에 대한 공자의 생각이 빛나는 말이다. 아닌 게 아니라 의롭다고 보면서도 자신이 직접 나서서 그 의로운 일을 하지 못하는 / 않는 경우가 세상엔 얼마나 많은가! 그리고 불의를 보고도 못 본 체 눈을 감는 경우는 또 얼마나 많은가. 용기의 유무는 우리에게 실존적 선택지로 주어져 있다.

8

예도 악도 인의 다음

● 제3편, 제3장

子曰, "人而不仁, 如禮何? 人而不仁, 如樂何?"

자왈, "인이불인, 여례하? 인이불인, 여악하?"

"사람이 되어 어질지 못하면 예 같은 게 다 무엇이냐? 사람이 되어 어질지 못하면 음악 같은 게 다 무엇이냐?"

여기서 공자는 예^禮 / 악^樂과 인^仁을 대비시키고 있다. 다 그의 대표적 가치들이다. 그런데 공자는 굳이 인을 강조한다. 예 / 악도 중요하지만 그보다 인이 더 우선이고 더 중요하다는 말이다. 그게 사람의 기본요건이라는 말이기도 하다^{人而}.

그런데 이 '인^仁'이라는 건 너무 유명하다 보니 오히려 그 의미가 퇴색된 면이 없지 않다. 오늘날은 더욱 그렇다. 그래서 우리는 이 말이 입 밖으로 나오게 되는 원점으로 가볼 필요가 있다. 인이 무엇인가. 사람을 / 남을 사랑하는 것^{愛人}이다.^{제12편 제23장} '기소불욕^{己所不欲} 물시어인^{勿施於人}' 즉 '서^恕'다.^{제15편 제24장} 자기가 원하지 않는 바를 남에게 베풀지 않는 것, 상대방과 같은 마음이 되어 용서하는 것, 그런 것이다. 그러니 '인'이 언급되는 원점이란 사람이 사람을 사랑하지 않고, 남을 나와 같지 않게 보아 함부로 하는 것이다. 동서고금을 막론하고 인간세상에는 그런 고약한 현실이 있다. 그래서 공자는 '인'을 강조하는 것이다.

그 강조를 위해 그는 굳이 예 / 악을 동원하는 것이다. 예 / 악만 해도 엄청나게 중요한 가치들이다. 『논어』를 조금만 들춰봐도 금방 확인된다. 아니, 지금의 현실만 살펴봐도 마찬가지다. 에티켓 / 뮤직도 다른 것이 아니다. 우리네 삶에서 얼마나 중요한가. 인사도 부조도 BTS도 블랙핑크도 물론 베토벤도 모차르트도 다 해당한다. 그런 중요한 것도 사람이 어질지 않으면, 즉 남을 / 사람을 사랑하지 않고 사랑할 줄 모른다면 무슨 소용이냐는 말이다.

음악을 들으려 이어폰을 귀에 꽂기 전에, 플레이 버튼을 누르기 전에, 축의금이나 조의금을 내기 전에, 내가 남을 / 사람을 과연 사랑하는지, 함부로 대하지는 않는지 한번 돌아볼 일이다.

9

예의 근본은 진심

● 제3편, 제4장

林放問禮之本. 子曰, "大哉問! 禮, 與其奢也寧儉, 喪, 與其
易也寧戚."

림방문례지본. 자왈, "대재문! 례, 여기사야녕검, 상, 여기이야녕척."

림방이 예禮의 근본을 물으니……말씀하셨다. "크구나, 그 질문
이! 예는 사치스러울 바에야 차라리 군색한 것이 낫다. 상喪은 쉽게
해치울 바에야 차라리 (그냥) 비통해하는 것이 낫다."

여기서 공자는 '예禮'의 근본에 대한 질문에 답하고 있다. 그 핵
심이 '검儉'이다. 이 말의 뜻은 '검소' '검약' 등의 현대 한국어에도 살
아 있다. 누구나가 대충 이해한다. 그런데 이게 '사奢'와 대비되고 있
다. 이 말은 '사치' '호사' 등의 현대 한국어에도 살아 있다. 역시 누
구나가 대충 이해한다. 예禮라는 게 애당초 사람에 대해 사람이 지
켜야 할 정중한 태도, 존중의 마음을 형식을 갖춰 표현하는 것, 다시
말해, 남 / 사람에게 지켜야 할 가치를 형식에 담은 표현, 정도로 이

해된다면, 예에서 중요한 것은 그 마음 / 태도이지 겉치레 / 형식이 아니라는 말이다. '검儉'은 절제와도 통할 것이다.

그걸 더 확실히 하기 위해 공자는 굳이 '상喪'의 경우를 덧붙여 말한다. 상례도 그 구체적 사례일 테니까. 그러니까 상을 당했을 때의 예는 '척戚'이라는 말이다. '척戚'이란 진심으로 슬퍼하고 마음 아파하는 것이다. 그게 '이易'와 대비된다. 쉽게 / 아무렇지도 않게 여기는 / 그냥 해치우는 것이다. 강조되는 것은 역시 진심이다.

림방林放이 근본을 물었으니 근본을 답해준 것이다. 굳이 상을 당한 경우뿐이겠는가. 관혼상제가 다 해당한다. 상대방이 누구든 어떤 경우든, 우리가 살면서 예를 표해야 할 경우에 결국 중요한 것은 마음 / 진심이라는 것을 공자는 일깨워주고 있다. '사奢-이易'가 아니라 '검儉-척戚'이다. 그게 예의 근본이다. 이것은 요즘 우리 주변에 흔한 초호화 결혼식이나 장례식, 부담스런 거액의 부조금이나 선물 같은 것도 다시 한 번 돌아보게 한다.

10

어떤 다툼을 할 것인가?

● 제3편, 제7장

子曰, "君子無所爭. 必也射乎! 揖讓而升, 下而飮. 其爭也君子."

자왈, "군자무소쟁. 필야사호! 읍양이승, 하이음. 기쟁야군자."

"군자는 다툴 일이 없으나 활쏘기에서는 필경 다투게 된다. 서로 절하고 사양하면서 사대射臺에 오르고, 끝나면 내려와 함께 술을 마시니 그렇게 다투는 것이 군자다."

공자의 이상적 인간상인 군자에 대한 언급이다. 좀 뜻밖에 '다툼爭'을 말한다. 군자는 '다투는 바가 없다無所爭'는 것이다. 헤라클레이토스는 "싸움은 만유의 아버지며 왕Πόλεμος πάντων μὲν πατήρ ἐστι, πάντων δὲ βασιλεύς"이라 했고 마르크스는 투쟁Kampf을 '가장 좋아하는 것'으로 꼽았지만 누구나가 다툼을 좋아하지는 않는다. 군자도 그렇다. 단, 살다보면 어쨌든 다투게 되는 일도 있다. 그 종류도 방식도 여러 가지다.

공자는 여기서 '활쏘기射'를 예로 든다. 『주례周禮』에 나오는 이른바 육예六藝 : 예(禮, 예법), 악(樂, 음악), 사(射, 활쏘기), 어(御, 말몰기), 서(書, 붓글씨), 수(數, 산술)의 하나다. 그런 다투기도 있다. 요즘 식으로 말하자면 오락이나 스포츠도 해당할 것이다. 그런데 공자는 여기서 그 방식을 굳이 주목한다. 그게 '서로 절하고 사양하면서 사대射臺에 오르고, 끝나면 내려와 함께 술을 마신다'는 것이다. 대립-갈등-증오-공격이 아니라 존중과 즐김이 있는 다툼이다. 불가피할 때 다투되 이런 식으로 다투는 게 군자라는 것이다.

삶에서 다툼은 불가피하다. 특히 요즘은 경쟁의 시대다. 경쟁에 내몰리고 경쟁에 찌들어 있다. 승패가 인생을 가른다. 살벌하다. 지면 손해보고 심하면 도태된다.

존중과 즐김이 있는 다툼, 어쨌거나 생각해볼 주제가 아닐 수 없다. 정치가 이러면 얼마나 좋겠는가. 나 / 우리는 절대선, 너 / 니들은 절대악으로 전제하고 저주를 퍼부으며 죽기살기로 싸우는, 오로지 싸우기만 하는, 소위 '투쟁'과는 다른 종류의 다툼도 있다는 것을 공자는 우리에게 알려준다.

11

제사의 마음가짐

● 제3편, 제12장

祭如在, 祭神如神在. 子曰, "吾不與祭, 如不祭."

제여재, 제신여신재. 자왈, "오불여제, 여부제."

'제사할 때는 (앞에) 있는 듯이 하라. 신에게 제사할 때는 신이 (앞에) 있는 듯이 하라.'……말씀하셨다. "내가 제사에 함께하지 않으면 제사를 지내지 않는 것과 같다."

제사祭에 대한 언급이다. 한국의 현실에서 이건 좀 특별한 관심사가 아닐 수 없다. 조선시대엔 이게 인생의 대부분인 경우도 있었다. 일부 가문에선 지금도 여전히 이런 경우가 없지 않다. 이른바 조율시이니 홍동백서니 하는 말은 지금도 사람들 입에 자주 오르내린다. 그런데 공자는 그런 말을 한 적이 없다. 형식보다 마음을 중시했다는 점에서 오히려 반대에 가깝다. 공자의 이미지가 심하게 왜곡되어 있는 것이다. 이 말도 그 한 증거다. 일종의 인용과 그에 관련된 공자의 첨언이다. 그 핵심은 '여재如在'와 '오여제吾與祭' 즉 '(망자가)

있는듯이'와 '내가 함께함'이다. 제사에 임하는 마음가짐-태도-자세가 그런 것이다.

제사의 대상은 물론 죽은 사람이다. 여기 언급된 '신神'은 기독교적인 신God이 아니라 위패 / 지방 등에 적힌 '신위神位'가 알려주듯 아마 '영혼 / 혼백'을 가리킬 것이다. '고인'이 살아 있는 것처럼, 지금 내 앞에 있는 것처럼 여기며 기리는 것이 제사의 본질인 것이다. 제사의 대상이 '하늘天'인 경우도 물론 마찬가지다.

'오불여제 여부제吾不與祭 如不祭'라는 건 그 제사에 내가 즉 내 마음이 함께해야 한다는 강조다. 내 마음이 없는 형식적 제사에 대한 일종의 비판이다. 그런 건 제사를 안 지내는 것과 같다는 것이다. '여부제如不祭'란 그런 뜻이다.

제사란 애당초 '나에게 특별했던 그 고인부모님 등'을 죽었다고 잊지 않고 기일 등 특별한 날에 그분을 기리며 기념하는 행위다. 그분이 내 앞에 있고 내가 거기에 함께한다면 조율시이니 홍동백서니 하는 게 무슨 대수겠는가. 공자는 그런 것에 대해 일언반구도 말한 적이 없다.

12

하늘에 죄짓지 마라

● 제3편, 제13장

王孫賈問曰, "與其媚於奧, 寧媚於竈, 何謂也?" 子曰, "不然, 獲罪於天, 無所禱也.

왕손가문왈, "여기미어오, 녕미어조, 하위야?" 자왈, "불연, 획죄어천, 무소도야."

왕손가가 물었다. "'방 서남쪽 구석(기도하는 곳)에 정성을 들이기보다 차라리 부엌에 정성을 들여라'는 말은 무슨 말입니까?"……말씀하셨다. "그렇지 않습니다. 하늘로부터 죄를 얻으면 기도할 곳이 없습니다."

당시의 속담으로 보이는 말與其媚於奧, 寧媚於竈과 그에 대한 공자의 의견 피력이다. 왕손가가 인용한 이 속담은 '오奧'에 정성들이기보다 '조竈'에 정성들이는 게 낫다는 말로, '하늘에 복을 빌기보다는 실속을 차려 세속적 복락에 신경 쓰라'는 취지인 듯한데, 공자는 이를 정면으로 반박한 것이다. 한 마디로 '하늘에 죄짓지 마라'는 말이다.

하늘에 죄를 지으면 애당초 기도할 곳이 없다는 강조다. 공자 특유의 '하늘天' 신앙이 엿보인다.

그때나 지금이나 동이나 서나 인간 세상은 온통 '미어조媚於竈'가 대세다. '부엌竈'이 상징하듯 먹고사는 데 인생의 모든 정성을 다 쏟아 붓는다. 그러다보면 하늘에 죄를 짓는 경우도 생겨난다. "다 먹고살려고……"라는 핑계를 하지만 그게 면죄부가 되지는 않는다는 말이다. '미어오媚於奧, 기도'의 '오奧' 즉 기도할 곳所禱이 없다는 경고다. 먹고살기 위해서라며 하늘에 죄짓는 일은 하지 마라는 것이다.

공자가 '하늘天'을 언급하는 것은 흥미롭다. 그 하늘이 인간의 행위를 단죄한다는 생각은 더 흥미롭다. 그 죄가 구체적으로 어떤 것이냐 하는 설명은 생략되어 있다. 아쉽지만, 오히려 그 점이 더 고마울 수도 있다. 자유로운 해석의 여지가 있기 때문이다. 우리는 (하늘이 부여한) 우리의 이성으로 대략 그것을 가늠할 수 있다. 바로 우리 주변에, 신문에 티비에, 그런 실제 사례가 널려 있기 때문이다. 신하늘에 철저했던 키에게고Kierkegaard[1]가 연상된다. 혹은 키에게고가 모범으로 삼았던 아브라함이 연상된다. '하늘天'에 대한 태도로 말하자면 공자는 동양판 아브라함 같은 인물이었다.

---

[1] 키에게고 : 흔히 '키르케고르'나 '키에르케고르'로 통용되는데 이는 영어식도 아닌 일본어식 표기이므로 바람직하지 않다. 덴마크 사람이니 이렇게 현지음으로 불러주는 게 옳다.

13

사람에게서 살펴봐야 하는 것

● 제3편, 제26장

子曰, "居上不寬, 爲禮不敬, 臨喪不哀, 吾何以觀之哉?"

자왈, "거상불관, 위례불경, 림상불애, 오하이관지재?"

"윗자리에 있으면서 너그럽지 않고 예를 행함에 공경스럽지 않으며 상喪에 임하여 슬퍼하지 않는다면 내가 (그 사람의) 무엇을 더 살펴보겠느냐?"

여기서 공자는 '관寬, 너그러움'과 '경敬, 공경'과 '애哀, 슬퍼함'라는 가치를 말한다. 단, 구체적인 상황이 있다. '거상居上', '위례爲禮', '임상臨喪'이다. 윗사람이 되어 아랫사람에게, 예를 행할 때, 상을 치를 때다. 이 말에서 우리는 '불不, 않으면'이라는 것을 주목해야 한다. 불관不寬, 불경不敬, 불애不哀, 지극히 구체적인 현실이다. 실제로 그런 사람이 있는 것이다. 아니 무지 많다. 그런 사람은 더 이상 볼 것도 없다는 평가다. 단호하다. 그의 가치관-인간관이 확실히 드러나 있다. 공자의 관심사가 주로 이런 것이다. 즉 그 사람이 '어떤' 사람이냐 하는 것이다.

　아랫사람에게 너그러운 윗사람, 공경스럽게 예를 차리는 사람, 진심으로 슬퍼하는 상주, 공자는 사람에게서 이런 걸 '살펴보는觀' 것이다.

　왜 하필? 공자에게는 분명한 이유와 배경이 있다. 세상이 그렇지 못하기 때문이다. 아랫사람에게 너그럽지 못한 윗사람, 공경스럽게 예의를 차리지 않는 사람, 상을 당해도 슬퍼하지 않는 사람이 있기 때문이다. 지천에 널려 있다. 그런 건 옳지 않고 좋지 않다는 것이다. 바라볼 대상이 못된다. 참 흥미롭다. 2,500년 전 중국이나 지금 한국이나 인간 세상이 어쩌면 이토록 똑같은가!

　불관, 불경, 불애는 '함부로, 막, 아무렇게나'라는 말로 압축될 수 있다. '사람이 사람을'내(己)가 남(人)을 그렇게 생각하고 그렇게 대하는 것이다. 공자는 그런 사람을 '더 이상 볼 것도 없다吾何以觀之哉'고 평가했다. 그의 가치관이다.

14

어짊을 거주지로 삼는 아름다움

● 제4편, 제1장

子曰, "里仁爲美. 擇不處仁, 焉得知?"

자왈, "리인위미. 택불처인, 언득지?"

"어짊을 거주지로 삼는 게 아름다움이 된다. 어짊에 거처하지 않는 것을 택한다면 어찌 알아줌을 얻겠는가?"

이 말은 해석 자체가 일정치 않으나 이렇게 풀어야만 이게 말 같은 말이 된다. 표현이 좀 추상적이긴 하지만 의미는 아주 자연스럽고 공자답다. 주자의 해석未基是非之本心, 而不得爲知矣보다는 맹자-다산의 해석仁, 人之安宅也이 이에 가깝다. 그들보다 더 자연스런 현대 한국어로 풀었다.

이 말의 핵심에는 '인仁'이 있다. 알려진 대로 공자가 지향하는 대표적 핵심가치다. 남을 / 사람을 사랑하는 것愛人이다. 남 / 사람과 같은 마음이 되어보는 것恕이다. 그런 가치를 마을삼아里 거기에 살아야 한다處는 것이다. 그런데 참으로 흥미로운 것은 그렇게 하느냐 / 마느냐 하는 것을 공자는 '선택지擇'로 제시하고 있다는 것이다. 우리는 '인'이라는 마을의 주민으로 그곳에 거처하는 것^{里仁 / 處仁}을 택할 수도 있고 택하지 않을 수도 있다. 공자는 그렇게 하는 것을 '아름다움이 된다爲美'고 평가한다. 그의 가치관을 명확히 드러내는 말이다. 반대로 그렇게 하지 않는 것은? 그게 '택불처인擇不處仁'이다. 그건 당연히 아름다움이 아니다. 공자는 그런 선택을 지지하지 않는다. 그러니 그런 사람은 '알아주기知'를 바라지 말라는 것이다. 누구에게? 해석이지만 그건 공자 본인일 수도 있고 세상사람들일 수도 있다. '어찌 알아줌을 얻겠느냐焉得知'는 그런 선긋기다.

　'인'이라는 마을은 오늘날 과소화를 지나 거의 폐촌이 되다시피 했다. 주민이 / 거주자가 다 떠나 연기도 피어오르지 않고 닭소리도 들리지 않는다. 그래도 0은 아닐 것이다. 어딘가에 거주자가 남아 있을 것이다. 다만 잘 드러나지 않을 뿐이다. 그를 찾아내 알아주기로 하자.

15

어짊을 좋아함, 어질지 못함을 싫어함

● 제4편, 제6장

子曰, "我未見好仁者, 惡不仁者. 好仁者, 無以尙之, 惡不仁者, 其爲仁矣, 不使不仁者加乎其身. 有能一日用其力於仁矣乎? 我未見力不足者. 蓋有之矣, 我未之見也."

자왈, "아미견호인자, 오불인자. 호인자, 무이상지, 오불인자, 기위인의, 불사불인자가호기신. 유능일일용기력어인의호? 아미견력부족자. 개유지의, 아미지견야."

"나는 어진 것을 좋아하는 자나 어질지 못한 것을 미워하는 자를 본 적이 없다. 어진 것을 좋아하는 자라면 더할 나위가 없지만 어질지 못한 것을 미워하는 자도 그로써 어짊을 위하는 것이니 어질지 못한 자가 자신에게 영향을 끼치지 못하도록 하기 때문이다. 하루라도 어짊에 힘을 쓸 수 있는 자가 있는가? 나는 힘이 부족한 사람은 보지 못하였다. 아마 그런 사람이 있겠지만 나는 아직 그런 사람을 보지 못하였다."

공자의 말 치고 드물게 좀 길지만, 그 의미는 간단명료하다. 주제는 보다시피 인仁 / 불인不仁이다. 인의 권유다. 좀 더 구체적으로는 호인好仁 / 오불인惡不仁이다. 인을 좋아하는 것, 불인을 싫어하는 것이다. 전자는 적극적 후자는 소극적 가치다. 공자는 전자는 말할 것도 없고好仁者, 無以尙之 후자도 긍정적으로 평가한다惡不仁者, 其爲仁矣. 그것만 하더라도 자기가 나쁜 사람이 안 되게 하는 데 기여한다不使不仁者加乎其身는 것이다.

다만 두 경우 다 드물다. '본 적이 없다我未見'고 말한다. 그의 현실인식이다. 그래서 그는 '힘씀用其力'을 말하는 것이다. 당연히 인에於仁 힘쓰는 것이다.

그런데 또 흥미로운 건 인을 위해 힘이 모자란 자力不足者도 '본 적이 없다我未見'는 것이다. 있기는 있겠지만 나는 아직 본적이 없다는 것이니 다들 힘은 있다는 것이다. 이게 무슨 말이겠는가. 힘은 있는데 쓰지 않는다는 것이다. 인 같은 그딴 데 왜 힘을 빼냐는 것이다. 그때나 지금이나 세상이 왜 이렇게 비슷한지 놀라울 따름이다. (요즘도 흔히 쓰는, '역부족'이라는 표현을 여기서 공자의 입을 통해 듣는 것도 덤으로 흥미롭다)

16

도에 뜻을 두면 남루함을 부끄러워 마라

● 제4편, 제9장

子曰, "士志於道, 而恥惡衣惡食者, 未足與議也."

자왈, "사지어도, 이치악의악식자, 미족여의야."

"선비가 도에 뜻을 두고도 남루한 옷과 거친 음식을 부끄러워한다면 함께 의논하기에 아직 충분치 못하다."

'선비士'가 주어로 등장한다. 더 구체적으로는 '도'에 뜻을 둔志於道 선비다. 요즘은 선비도 도도 거의 해당사항 없다. 그럼 우리에겐 의미 없는 말일까? 그렇지는 않다. 정의를 운운하는 지식인이 있다면 아마 무관하지 않을 것이다. 종교인도 그렇다. 그렇게 본다면 관련자는 적지 않다. 교육자는 특히 그렇다. 명칭이 달라졌을 뿐이다.

공자는 여기서 그런 사람들의 진정성을 촉구한다. 그들의 통속성, 표리부동, 언행불일치, 사이비 그런 것을 꼬집고 있다. 그 상징이 '치악의악식恥惡衣惡食'이다. 도를 운운하면서 실제 생활에서는 남루한 옷과 거친 음식을 부끄러워恥하는 것이다. 공자가 생각하는 도는 호의호식을 초월하는 것임을 이 말로 미루어 짐작할 수 있다. 호의호식을 추구하거나 자랑하거나 악의악식을 부끄러워하거나 한다면 그런 선비는 더불어 의논할 만한 즉 상대할 만한 존재가 못 된다未足與議는 평가인 것이다.

공자의 기준은 엄정하다. 이 기준을 충족하는 사람은 많지 않다. 당시에는 아마 제자 안연 정도였을 것이다.

"훌륭하구나. 회回는! 한 그릇의 밥과 한 쪽박의 물만 가지고 누추한 거리에 살면 여느 사람이라면 그 고충을 이기지 못할 텐데 회만은 그 즐거움을 바꾸지 않으니. 훌륭하구나. 회는!"제6편 제11장, 子曰, 賢哉回也! 一簞食, 一瓢飮, 在陋巷, 人不堪其憂, 回也不改其樂, 賢哉回也!

이 말이 그 증거다. 오늘날 공자가 '족여의足與議'할 인물은 과연 누구일까. 얼마나 될까. 유명한 그 아무개 씨는 해당될까? 그리고 나는? 한번쯤은 물어볼 필요가 있지 않을까? 소위 번듯한 '의식주'가 삶의 기본지표가 되고 돈 안 되는 '도'나 돈 없는 '선비' 같은 게 오히려 부끄러움恥이 되는 세태이니 '더불어 논의하기에 족한' 그런 인물은 다 어디로 숨었는지 참으로 만나보기가 쉽지 않다.

17

군자와 의로움의 처지

● 제4편, 제10장

子曰, "君子之於天下也, 無適也, 無莫也, 義之與比."
자왈, "군자지어천하야, 무적야, 무막야, 의지여비."

"군자가 천하에 있음은 (있어야) 마땅하다는 것도 없고 (있어서) 안 된다는 것도 없다. 의義(가 그러함)에 (군자의 그러함이) 더불어 비견된다."＊

이 말은 그 풀이가 쉽지 않다. 그런데 이런 뜻이다. 2,500년간 이런 풀이는 없었다. 시중에 나도는 해석들은 대부분 그럴듯하지만 이 말의 표현 자체와는 들어맞지 않는다. 이렇게 읽어야만 공자의 진의가 제대로 전달된다.

천하天下, 이 세상에서 군자의 처지가 어떠한가를 말하고 있다. 일종의 한탄이다. 천하가 군자를 어떻게 생각하고 어떻게 대하고 있는가 하는 말이다. 공자는 그것을 '적適'도 없고 '막莫'도 없다고 표현했다. 모호하기 짝이 없는 말이다. 실상 / 현실을 보고서 해석학적으로 판단할 수밖에 없다. 그게 바로 이거다. 적극적인 지지도 없고 적극적인 반대도 없는 것이다. '아무렴. 군자가 되어야지요' 하고 적당히 입에 발린 소리는 하지만 본인이 직접 군자가 될 노력은 하지 않는다. 그게 '무적無適'이다. 그렇다고 '군자요? 그런 돈도 안 되는 것, 너나 하세요'하고 대놓고 반대도 하지 않는다. 할 수도 없다. 그게 '무막無莫'이다. 천하가^{온 세상이} 군자를 그렇게 대하는 / 취급하는 것이다. 실상이 그렇다.

흥미로운 것은 공자가 '의지여비^{義之與比}'를 덧붙이고 있다는 것이다. '의, 의로움, 정의'라는 것의 신세가 군자와 견주어진다는 것이다. '더불어 비견된다^{與比}'는 것이니 마찬가지란 말이다. 무적이고 무막이다.

이런 해석이 못마땅하다면 신문이나 뉴스를 보기 바란다. 지금도 공자 당시의 천하와 조금도 다를 바가 없다. 군자와 의로움의 신세가 참 처량하다.

18

군자와 소인의 관심사

● 제4편, 제11장

子曰, "君子懷德, 小人懷土, 君子懷刑, 小人懷惠."

자왈, "군자회덕, 소인회토, 군자회형, 소인회혜."

"군자는 덕을 마음에 두고 소인은 영토領土를 마음에 둔다. 군자
는 엄정히 정죄定罪되는 것을 마음에 두고 소인은 적당히 봐주는 것
을 마음에 둔다."

전형적인 군자-소인의 대비다. 군자-소인은 지금도 대략 안
다. 여기서는 '회懷' 즉 마음에 무엇을 품고 있는가 하는 게 골자다.
두 개의 대비가 있다. '덕德-토土'와 '형刑-혜惠'다. 양자의 가치관과 태
도가 곧바로 드러난다. 차이가 확연하다.

먼저, 군자는 덕德을 품는다. '덕'? 간단한 주제는 아니다. 공자
본인이 거의 설명이 없다. 다 아는 걸 전제로 그 이모저모를 곧바로
말한다. 대략 '인격적 훌륭함' 정도로 이해하면 된다. 그게 군자의
관심사라는 말이다.

반면, 소인은 '토±' 즉 영토를 마음에 품는다. 역시 간단한 주제가 아니다. 대략 현실적인 세력권 내지 경제적 이득 같은 것으로 이해할 수 있다. 그게 소인의 관심사라는 말이다. 현대라면 부동산 같은 것도 해당한다.

한편, '형刑'은? 이건 자신의 어떤 잘못을 전제하고서 하는 말이다. 군자는 자신의 행동에서 엄정한 단죄를 의식한다는 말이다. 이는 '형벌에 처해질 짓은 하지 않는다'는 행동방침으로 연결된다. 그런 게 군자의 태도다.

반면, 소인은 자신의 어떤 잘못에 대해 '혜惠'를, 즉 적당히 봐주기를 기대한다. 그러니 그 잘못 자체를 잘못으로 의식하지 않는다.

선명한 대비다. 마음속에 무엇을 품고 있는지에 따라 군자인지 소인인지 인간의 종류가 갈라진다. 우리는 어떠한가. '덕-형'이 있는지 '토-혜'가 있는지 마음의 지퍼를 열고 안을 들여다보기로 하자.

19

이해관계와 원망

● 제4편, 제12장

子曰, "放於利而行, 多怨."

자왈, "방어리이행, 다원."

"이해관계에 빠져 행동하면 원망이 많다."

짧은 말이지만 엄청난 철학이 이 말 속에 들어 있다. 말 자체는 간명하고 그 말뜻도 곧바로 이해된다. 그러나 그 내용은 간단치 않다. '이利'를, 그리고 '행行'을, 그리고 '원怨'을 말하고 있기 때문이다. 이익, 행동, 원망, 하나같이 삶의 중대 사안들이다.

'방어리放於利'란 '이利'에 풀어놓는다는 말이니, 나 / '우리'한테 이로운 것을 생각과 행동의 절대적 기준으로 삼는다는 것이다. "왜 꼭 이로움을 말씀하십니까. 역시 인의가 있을 뿐입니다何必曰利, 亦有仁義而已"라고 한 맹자의 말을 참고하면, '방어리'란 '인의仁義' 같은 건 전혀 고려사항이 아니라는 말이다. 이로움만 고려한다는 것이다. 그게 유일한 / 전적인 관심사요 기준이라는 말이다.

'이행而行'이란 그런 기준으로 행동한다 / 산다는 것이다. 사실 공자 때나 지금이나 세상 사람들의 삶이란 게 대개 이렇다. 이걸 지탄한다면 우리 대부분의 마음이 편치 않을 것이다. 물론 공자가 여기서 그걸 '지탄 / 비판'하지는 않는다. 다만 염려를 한다. 그게 '다원多怨'이다.

'다원多怨'이란 원망이 많다는 말이다. '방어리이행'의 결과 내지 후과다. 혹은 부작용이다. 단, 이 원망이 '내가 하는' 원망인지 '내게 하는' 원망인지는 모호하다. 둘 다 일 수도 있다. 문제는 그 어느 쪽이든 그게 '문제'라는 사실이다. 원망은 불행의 씨앗이다. 알다시피 그게 피로 이어지는 경우도 있다. 마르크스-레닌주의는 그걸 (즉 유산자에 대한 무산자의 원망을) 부추겨 혁명의 동력으로 삼기도 한다. 그 결과를 우리는 너무나 잘 알고 있다. 피비린내가 난다. 공자는 이 말로 우리의 선택 / 결단을 촉구한다. 행동 / 삶에서 '이利'를 기준으로 삼을지 '인의仁義'를 기준으로 삼을지다.

20

걱정해야 할 것

● 제4편, 제14장

子曰, "不患無位, 患所以立. 不患莫己知, 求爲可知也."

자왈, "불환무위, 환소이립. 불환막기지, 구위가지야."

"지위가 없음을 아파하지 말고 무엇으로 설 것인가를 아파해라.
아무도 나를 알아주지 않음을 아파하지 말고 알아줄 만큼 되기를
구해라."

공자의 전형적 어법이다. 'A하지 말고 B하라'는 것이다. "남이
자기를 알아주지 않음을 아파하지 말고 (자기가) 남을 알지 못함을
아파하라"^{제1편 제16장, 不患人之不己知, 患不知人也} "군자는 (스스로) 그럴 수 없음
을 아파하지 남이 자기를 알아주지 않음을 아파하지 않는다"^{제15편 제}
^{19장, 君子病無能焉, 不病人之不己知也} 등도 그렇다. 여기서는 '무위無位', '막기지
莫己知'가 A이고 '소이립所以立', '위가지爲可知'가 B이다. 뭘 하지 말고 뭘
하라는 게 분명하다. '환患, 아파하라', '구求, 구하라'는 진지한 관심사로 삼으
라는 말이다. 중요한 것은 그 내용이다.

'무위'는 지위가 없음이고 '막기지'는 (남이) 나를 알아주지 않음이다. 사람들이 보통 마음 아파하는 바이다. 우린들 그렇지 않겠는가. 그런데 '불환不患'이다. 그러지 말라는 것이다. 그런 건 고민할 가치가 없는, 중요치 않은 일이라는 말이다. 역시 공자의 가치관이다.

　　그렇다면. 그 대신이 있다. 중요한 건, 고민할 건, 구할 건, 따로 있다는 것이다. 그게 바로 '소이립所以立'이고 '위가지爲可知'다. 즉 '무엇으로 설 것인가', '알아줄 만큼 되기', 그런 것이다.

　　'립立, 선다는 것'은 좀 추상적이다. 공자 본인이 나이 서른에 '섰다三十而立'고 했는데 그런 서기다. 독립獨立이나 입장立場 같은 말이 가리키는 어떤 위상에 도달함이다. 일가견을 가짐이다. 그렇게 되기 위해 힘쓰라는 말이다. 물론 중요한 것은 그 내용이 무엇이냐 하는 것所以立이다.

　　'가지可知, 알아줄만함'는 역시 스스로 그만한 내용을 갖추어 인정받는 일이다. 그렇게 되기爲 위해 힘쓰라는, 그쪽으로 방향을 잡고 노력하라는 말이다. 그게 '구求'하라는 말이다. 공자는 이렇게 '자기강화'를 가치로 제시한다. 남人이 아니라 자기己에게 기준이 있다.

21

보고 배울 것

● 제4편, 제17장

子曰, "見賢思齊焉, 見不賢而內自省也."

자왈, "견현사제언, 견불현이내자성야."

"슬기로운 사람을 보면 같아질 것을 생각하고 슬기롭지 못한 사람을 보면 속으로 자신을 살펴보라."

이 말은, 표현이나 의미내용이나 어려울 것은 하나도 없다. 곧바로 이해된다. 그래서 진부한 느낌이 들 지경이다. 그런데 아니다. 아주 멋진 조언이다. 이런 말을 해줄 수 있어야 제대로 선생이다. 요즘은 보기 드문 선생상이다. 그래도 이렇게 공자가 대신 해주니 얼마나 다행인가. 2,500년의 시간을 건너오는 비대면 수업이다.

이 말에서 진주처럼 빛나는 핵심가치는 '현賢'이다. 슬기로움, 그런 사람, 다 좋다. 그런 쪽으로 방향을 잡으라는 권유다. 살다보면 그런 사람賢, 그렇지 못한 사람不賢을 실제로 보게 된다見. 이렇든 저렇든 다 배울 게 있다는 말이다. "세 사람이 가면 반드시 나의 스승이 있다. 그 중 선한 사람을 택해서는 그 선한 점을 따르고 선하지 못한 사람을 택해서는 그 선하지 못한 점을 고친다"제7편 제22장, "三人行, 必有我師焉, 擇其善者而從之, 其不善者而改之"와 비슷한 취지다. 현賢은 보고 모범으로 삼으라는 것이고 불현不賢은 보고 반면교사로 삼으라는 것이다. '사제思齊, 같아질 것을 생각하라'와 '내자성內自省, 속으로 자신을 살펴보라'이 각각 그런 뜻이다.

특히 '성省, 살펴봄 / 돌아봄은' 공자의 중요한 가치의 하나다. 더 구체적으로는 내자성內自省, 즉 속으로 스스로를 살펴보는 것이다. 그 시선이 자기 자신의 내면으로 향하는 성찰이다. "성찰하지 않는 삶은 인간의 삶이 아니다ὁ δὲ ἀνεξέταστος βίος οὐ βιωτὸς ἀνθρώπῳ, ho de anexetastos bios ou biōtos anthrōpōi"라고 말한 소크라테스와 같은 노선이다. 두 사람이 서로 통하는 바가 있는 것이다. 또 내용은 전혀 다르지만 저 데카르트의 소위 '성찰Meditationes'과 칸트의 소위 '반성Reflexion'도 자기의 내면을 향한다는 점에서는 그 방향이 유사하다. 철학의 한 전통이다.

'견현見賢'은 요즘 드물다. 그러나 '견불현見不賢'은 너무나 많다. 사제든 내자성이든 해야 한다. 하여간 이 세상은 살아있는 철학교실이 아닐 수 없다.

22

말을 삼가는 이유

● 제4편, 제22장

子曰, "古者言之不出, 恥躬之不逮也."

자왈, "고자언지불출, 치궁지불체야."

"옛사람들이 말을 잘 하지 않았던 것은 자기 자신이 (그 말에) 미치지 못하는 것을 부끄러워했기 때문이다."

여기서 공자는 '말言'에 대해서 말한다. 구체적으로는 '말을 (입 밖에 잘) 내지 않는 것言之不出'이다. 옛사람들古者이 그랬다는 것이다. 이 옛사람들이 누구를 가리키는지는 알 수 없다. 조사해보면 뭔가 근거 될 게 있겠지만 그런 연구는 전문가에게 맡기면 된다. 여기선 그게 중요한 게 아니다. 이 말의 취지가 중요하다. 말에 신중해야 한다는 취지다. 말만 많은 것을 경계하는 말이다.

더욱 중요한 것은 말을 입 밖에 잘 내지 않는 그 이유랄까 배경이다. '자기 자신이 그 말에 미치지 못하는 것을 부끄러워했기 때문恥躬之不逮也'이라는 것이다. 이 말에서 비로소 공자다움이 드러난다.

'궁지불체' 즉 '자기 자신이 (말에) 미치지 못함' 이게 문제다. 말만 앞서가고 자기의 실체는 그 말을 따라잡지 못하는 상태다. 결정적으로 중요한 것은 이런 상태를 '부끄러워한다恥'는 것이다. 옛사람들은 그랬다는 것이다.

이 부끄러워함이라는 게 공자에게는 인간의 주요한 자격일 수도 있다. 그 후계자 격인 맹자를 원용하자면 이것 즉 '부끄러움'이 없으면 '인간이 아니다無羞惡之心 非人也'라고 할 수 있기 때문이다.

그때나 지금이나 인간이 덜된 사람들이 말만 많다. 혹은 말만 앞세운다. 그러면서 정작 자기 자신은 그 말을 따라가지 못한다. 아니 따라가지 않는다. 자기 말에 대한 의식도 없고 책임도 없다. 요즘 우리나라 지성계와 정치계엔 이런 사람들이 넘쳐난다.

이런 문제를 이렇게 날카롭게 꿰뚫어보고 지적해주었으니 공자는 과연 공자다. 그는 충분히 자기 말을 따라잡는 '궁지족체足逮'였다.

23

말재주가 무슨 소용?

● 제5편, 제5장

或曰，"雍也仁而不佞." 子曰，"焉用佞? 禦人以口給，屢憎於
人. 不知其仁，焉用佞?"

혹왈, "옹야인이불녕." 자왈, "언용녕? 어인이구급, 루증어인. 부지
기인, 언용녕?"

어떤 사람이 말했다. "옹雍은 어질기는 하나 말재주가 없습니
다."……말씀하셨다. "말재주야 무슨 소용이 있겠습니까? 능란한 구
변으로 남을 제압하면 남에게 미움만 자주 받게 됩니다. 그가 어진
지는 모르겠지만 말재주야 무슨 소용이 있겠습니까?"

공자가 이런 말을 해주고 있다는 건 흥미롭다. '말재주 / 말재
간佞'에 대한 말이다. 여기서 말재주가 없다고 흠 잡히고 있는 제자
옹雍＝仲弓 뿐만 아니라, 말재주 없는 많은 사람들이 공자의 이 말에
큰 위안을 받을 것이다. '말재주야 무슨 소용이 있겠습니까?焉用佞'라
고 했으니 그런 건 별로 중요하지 않다는 말이다.

물론 공자 본인은 말의 천재라고 해도 좋을 만큼 놀라운 표현력을 구사한다. 단, 공자가 여기서 언급하는 '말재주'는 구체적으로 '능란한 구변으로 남을 제압하는禦人以口給' 그런 것이다. 그런 재주는 있어봐야 '남에게 미움만 자주 받게 된다屢憎於人'고 공자는 혹평을 한다. 저 유명한 교언영색巧言令色의 '교언巧言'도 아마 비슷한 맥락일 것이다. 하여간 공자는 유려한 말재주에 대해 평가가 박하다. 심지어 그 반대인 '눌언訥言'을 군자의 특징으로 치기도 했다.제4편 제24장, 君子欲訥於言而敏於行

　　이 말은 당연히 말재주보다 더 중요한 것이 있음을 시사한다. 문맥을 보면 예컨대 '인仁'이 그것이다. 옹이 '인한지는 잘 모르지만' 하고 공자는 제자를 평가하나 말재주 없는 것이야 아무튼 흠결은 아니라는 것이다. 실제로 옹은 말재주 대신 '덕행'으로 평가받고 있다.제11편 제3장, 德行：顏淵, 閔子騫, 伯牛, 仲弓. 言語：宰我, 子貢. 政事：冉有, 季路. 文學：子游, 子夏 요즘은 말재주 있는 사람이 너무 많고 너무 평가받는다. 공자의 이 말을 꼭 기억해둬야겠다. 적어도 말재주 없는 과묵한 인격자 / 실력자에게는 큰 위안이 될 것이다.

24

남이 나를, 나도 남을, 헐뜯지 않음

● 제5편, 제12장

子貢曰，我不欲人之加諸我也，吾亦欲無加諸人．子曰，賜也，非爾所及也．

자공왈, 아불욕인지가저아야, 오역욕무가저인. 자왈, 사야, 비이소급야.

자공子貢이 말하였다. "저는 남이 저를 헐뜯는 것도 바라지 않고 저도 또한 남을 헐뜯는 일이 없기를 바랍니다."……말씀하셨다. "사賜야, 네가 다다를 바가 아니다."

제자 자공사(賜)과 공자의 대화다. 이 단편의 주제는 보다시피 '가저加諸' 즉 '헐뜯는 것'이다. '가저加之於'란 흔한 표현은 아니다. 대체로 누구를 헐뜯는다, 비방한다诽谤, 함부로 말한다乱说, 그런 뜻이다. 능가한다는 뜻도 있다. 단순히 더 낮다는 뜻뿐 아니라 '지위, 권력 혹은 영향력 상에서 타인을 초과하거나 압제하는 것'으로 일종의 강세 내지 불평등한 관계를 나타낸다.바이두(百度) 참조 인간관계에서의 그런 가저를 바라지 않는다不欲, 없기를 바란다欲無는 것이니, 공자적인 가치가 아닐 수 없다. 게다가 상호적이다. 남이 나를 헐뜯는 것도 바라지 않고, 그런 만큼 나도 남을 헐뜯지 않기를 바란다는 것이다. 말은 쉽지만 자기가 실제로 이렇게 되기란 쉬운 일이 아니다. 상당한 경지임이 틀림없다.

단, 하나 주의할 것은 이것이 다른 장구들처럼 공자의 입에서 나온 공자 본인의 말은 아니라는 것이다. 보다시피 이것은 제자 자공이 한 말이다. 그럼에도 공자의 사상과 무관하지는 않다. 묘하게도 공자의 대표적인 언급 중 하나인 저 유명한 "기소불욕 물시어인己所不欲, 勿施於人(자기가 바라지 않는 바를 남에게 베풀지 마라)", "기욕립이립인 기욕달이달인己欲立而立人, 己欲達而達人(자기가 서기를 바라니 남을 세우고 자기가 도달하기를 바라니 남을 도달시킨다)"과 그 말의 구조가 유사하다. '나의 바람 / 바라지 않음을 기준으로 남에게도 그렇게 함'이라는 구조다. 철학적으로 대단히 유의미한 사상이다. 더욱이 자공이 한 이 말에 대해 공자가 "네가 다다를 바가 아니다非爾所及也"라고 대답한 것을 보면, 공자가 이것을 상당한 경지로 인정하고 있음을 알 수 있다. 그의 철학적 지향점이기도 한 것이다.

사람이 사람을 헐뜯는 것은, 누구든 직접 당해보면 알지만, 명백한 악이다. 그런데 이런 일은 우리 인간세상에 의외로 많다. 일반적이고 보편적이다. 현재의 우리사회에는 특히나 많다. 자공의 말에 박수를 치지 않을 수 없다. 그러나 공자가 이 좋은 말에 왜 칭찬 대신 이런 쓴소리를 했을까非爾所及也. 그게 아무나 쉽게 도달할 수 있는 경지가 아니기 때문이다. 남을 헐뜯기는 우리 보통의 인간들에게 너무나 가까이 있는 유혹이다. 누군가를 흉보고 헐뜯기 전에, 한 번쯤 자공과 공자의 이 대화를 기억해냈으면 좋겠다.

25

지식인의 자세

● 제5편, 제15장

子貢問曰, "孔文子何以謂之文也?" 子曰, "敏而好學, 不恥下問, 是以謂之文也.

자공문왈, "공문자하이위지문야?" 자왈, "민이호학, 불치하문, 시이위지문야."

자공子貢이 물었다. "공문자孔文子를 어찌하여 문文이라 부르게 되었습니까?"······말씀하셨다. "실천에 민첩하고 배우기를 좋아하여 아랫사람에게 묻는 것을 부끄럽게 생각하지 않았기 때문에 문文이라 부르게 되었다."

위衛나라의 대부이자 위령공衛靈公의 사위였던 공문자 즉 공어孔圉, 仲叔圉의 시호諡號인 '문文'에 대한 대화이다. 문文이라는 게 당시 가장 명예로운 시호였던 만큼 자공은 공어의 자질이 궁금했던 모양이다. 그 의문에 대한 공자의 대답이 이거다. '민이호학敏而好學'과 '불치하문不恥下問'이 그 평가의 내용이다. 이러니 시호에 '문'자가 들어갈

만하다는 것이다.

그 핵심은 '호학好學' 즉 배우기를 좋아한다는 것이다. 유명한 '불치하문不恥下問'도 당연히 호학의 한 모습이다. 『논어』의 첫 글자가 '학學'이고 공자 본인이 스스로 '호학'을 자랑했던 점을 고려하면 '호학'은 공자의 핵심가치의 하나라 할 수 있다.[2]

바로 그 호학과 관련해 '민敏'과 '문問'이 언급되고 있다. 재빠름과 물음이다. '민敏, 재빠름'은 「제1편 제14장」의 민어사敏於事, 「제4편 제24장」의 민어행敏於行, 「제7편 제21장」의 호고민이구지好古敏以求之 등에서 보이듯 실천事/行/求에서의 민첩함을 이르지만 여기서는 일단 배움學에 대한 적극적 태도로 이해된다. '문問, 물음'은 인문학의 기본 중 기본이다. 물어야 배운다. 심지어 아랫사람에게도 묻는다. 그걸 부끄럽게 여기지 않는다.불치하문, 不恥下問 아랫사람이라도 물어볼 건 얼마든지 있다. '후생가외「제9편 제22장」, 後生可畏'라고도 하지 않았던가. 아래든 뒤든 배울 만한 사람도 분명히 있는 것이다. 공자의 가치관이 여실히 드러난다. '문文'이라는 말에 이 모든 뜻이 포함되어 있다.

'문文'이라는 게 이토록 대단한 것이었건만, 우리는 지금 어쩌다가 '문송합니다'라는 말을 듣는 시대가 되어버렸을까. '끝장이구나已矣乎' 하는 공자의 한탄이 들릴 듯도 하다. 문文을 홀대하는 이 시대가 훗날 그 반대급부로 큰 탈 / 사달이 날 수도 있다. 황폐화는 물

---

2   「제5편 제28장」, "열 집 남짓한 마을에도 필시 나만큼 충신(忠信)한 사람은 있을 것이나 (그도) 나만큼 배우기를 좋아하지는 못할 것이다(十室之邑, 必有忠信如丘者焉, 不如丘之好學也)."

론 어쩌면 인간의 총체적인 몰락을 야기할 수도 있다. 그것이 벌써부터 자못 두렵다.

26

군자의 도   공, 경, 혜, 의

● 제5편, 제16장

子謂子産, "有君子之道四焉, 其行己也恭, 其事上也敬, 其養
民也惠, 其使民也義.

자위자산, "유군자지도사언, 기행기야공, 기사상야경, 기양민야혜,
기사민야의."

선생님께서 자산子産에 대해 말씀하셨다. "그는 군자의 도道 네
가지를 갖추고 있었다. 스스로 처신함에 있어서는 공손했고 윗사
람을 섬김에 있어서는 공경스러웠으며 백성을 돌봄에 있어서는 은
혜로웠고 백성을 부림에 있어서는 의로웠다."

정鄭나라의 대부 자산子産3에 대한 공자의 인물평이다. "군자의
도道 네 가지를 갖추고 있었다"고 했으니 '군자'로 인정했다는 말이
다. 시대에 대한 공자의 한탄「제15편 제13장」 "다 끝났구나(已矣乎)!" 같은 말을 고려

---

3   공손교(公孫僑), 공자의 선배 격 동시대인, 그의 생애 후반과 공자의 생애 전반
    약 30년이 겹친다.

하면 이런 인물의 존재는 의외일 정도다. 그 내용을 주목하지 않을 수 없다. 그 네 가지 '군자의 도'가 바로 공恭, 경敬, 혜惠, 의義, 즉 공손함, 공경함, 은혜로움, 의로움이다.

'공손함'은 행기行己 즉 자기가 행할 처신의 덕이고 '공경'은 사상事上 즉 윗사람에 대한 섬김의 덕이고 '은혜로움'은 양민養民 즉 백성을 돌봄에 대한 덕이고 '의로움'은 사민使民 즉 백성을 부림에 대한 덕이다.

우리와 상관없는 먼 옛날 먼 중국의 고리타분한 말일까? 천만에. 공자의 말들 / 가치들은 지금 이곳 21세기 한국의 현실에서도 그대로 유효하다. 그 일들이 고스란히 그대로이고 상황이 똑같기 때문이다. 그래서 이런 덕목들이 여전히 필요한 것이다. 절실할 정도다. 공손하지 않음, 공경하지 않음, 은혜롭지 못함, 의롭지 못함부정/불의. 이런 현실은 우리의 아주 가까이에 넘치도록 널려 있다.

공자가 잊혀서는 / 사라져서는 안 될 그리고 끊임없이 띄워져야 할 이유가 바로 여기에 있다. (그의 국적은 문제되지 않는다. 부처나 예수처럼, 성인에게는 국적이 따로 없다) 우리 정계에는 왜 자산이나 공자 같은 이들이 드문 걸까.

27

사람 사귐의 자세

● 제5편, 제17장

子曰, "晏平仲善與人交, 久而敬之."

자왈, "안평중선여인교, 구이경지."

"안평중룡平仲은 사람들과 사귀기를 잘 하였는데 오래 사귀어도 상대방을 공경하였다."

여인교與人交, 사람들과 사귀기를 공자가 언급했다는 사실은 잘 알려져 있지 않다. 공자가 이런 것까지? 그래서 이 발언은 더 흥미롭다. 그 것을 잘한善 사람으로서 제齊나라의 대부 안평중룡平仲을 거론한다. 『사기』를 쓴 사마천이 「관안열전管룡列傳」에서 "안자가 오늘날에 있다 면 나는 그를 위해 채찍을 잡는 마부가 되는 것도 사양하지 않을 만 큼 그를 흠모한다"고 극찬했던 인물이다. 중요한 것은 그 내용이다. 그게 구이경지久而敬之, '오래 사귀어도 상대방을 공경하는 것'이다.

이건 우리에게 무엇을 알려주는가. 따로 설명도 필요없다. 들 으면 바로 이해된다. 다만 이 말을 제대로 이해하기 위해서는 그 배경을 생각해볼 필요가 있다. 그것도 특별히 어려울 것 없다. '구이불경지' 즉 오래 사귀면서 상대방을 '공경'하지 않게 되는 것이다. 너무나 흔한 경우다. 친구관계, 동료관계, 사제관계, 가족관계……거의 모든 경우에서 흔히 발생하는 현상이다. 특히 문제되는 것은 연인관계, 부부관계의 경우다. 오래되었다고 거기서 공경이 사라지면 다툼이 생기고 심하면 관계가 파탄에 이를 수도 있다. 그런 건 인생의 일대사건이 된다. 참담한 비극이 될 수도 있다.

'경敬'이란 건 그만한 가치다. 상대방을 함부로 생각하거나 대하지 않고 존중하고 우러르는 태도다. 퇴계가 가장 강조했다고 알려진 태도다. 이 글자 하나만 제대로 활성화되면 세상 거의 모든 관계에서 불화가 사라지고 원만한 관계가 오래도록 유지된다. 구이경지久而敬之. 사람들과 사귀기를 잘 할 수 있는善與人交 최고의 비결이다. 혹은 가장 기본적인 조건이다.

28

역부족이라는 것

● 제6편, 제12장

冉求曰, "非不說子之道, 力不足也." 子曰, "力不足者, 中道
而廢. 今女畵."

염구왈, "비불열자지도, 력부족야." 자왈, "력부족자, 중도이폐. 금
여획."

염구冉求가 말했다. "선생님의 도道를 좋아하지 않는 것은 아니나
힘이 부족합니다."⋯⋯말씀하셨다. "힘이 부족한 자는 중도에서 포
기하는데 지금 너는 스스로 한계를 긋고 있다."

아주 유명한 것은 아니지만 여기 제자 염구冉求와 공자의 흥미
로운 대화가 하나 있다. 공부하는 학생이었을 때 특히 마음에 남았
던 단편이다. 지금도 우리가 흔히 쓰는 '역부족力不足'이라는 말이 여
기 나온다. 하고 싶지만 혹은 해야 하지만 힘이 모자란다는 말이다.

염구는 변명이랍시고 이 말을 입 밖에 낸다. '선생님의 도道' 즉
군자지도일 것이다. 훌륭한 사람이 되고 잘못된 인간 및 세상을 바

로잡는 길이다. '좋아하지 않는 건 아니나 힘이 모자라 따라가질 못하겠네요'라고 하니 지금도 젊은 학생이 함직한 말이다. 비겁한 혹은 얍삽한 발뺌이다. 그때나 지금이나 참 수법이 뻔하다. 그런데 이게 변명이 되겠는가. 이런 게 공자한테 통하겠는가.

공자의 대답이 참 날카롭다. '역부족'은 변명이 못 된다고 일침을 놓는 것이다. 진짜 역부족이라면 그래도 시도는 한다는 말이다. 하다하다 진짜 역부족이면 그때 중도 포기한다^{中道而廢}는 말이다. 중도 포기를 할지언정 하는 데까지 해보고 그만두는 게 그게 역부족이라는 것이다. 그런데 너는 지금 아예 해보지도 않고 그딴 소리를 하니 처음부터 선을 긋고 있다^{女畵}는 말이다. 애당초 할 생각이 없다는 말이다.

선생님의 도를 진짜로 좋아한다^{說, 悅}면 하는 데까지 해보는 게 그게 도리일 것이다. 지금 우리는 어떤가. 뭔가 가치 있는 길을 걷고는 있는 것일까? 아니, 그쪽을 쳐다보기나 하는 것일까? 공자의 길^{子之道}에는 요즘 '염구'들만 가득해 보인다.

29

지식과 실질의 겸비

● 제6편, 제18장

子曰, "質勝文則野, 文勝質則史. 文質彬彬, 然後君子."

자왈, "질승문즉야, 문승질즉사. 문질빈빈, 연후군자."

"실질이 지식을 누르면 야인이고 지식이 실질을 누르면 사관이다. 지식과 실질이 잘 겸비 / 조화된 그런 후라야 (비로소) 군자다."

'문질빈빈文質彬彬'. 일반인에겐 좀 낯설 수도 있지만 전문가에겐 엄청 유명한 말이다. 그런데 시중에 유포된 해석들은 좀 들쭉날쭉 일정치가 않다. 고개를 갸웃하게 되는 것도 많다. 이 말의 핵심내용인 질質, 문文, 야野, 사史라는 말이 현재 한국에서 통용되는 의미와 정확히 일치하지 않기 때문이다. 2,500년 전의 중국어이니 도리 없다. 실질, 지식, 야인, 사관, 이렇게 옮기는 것이 그나마 공자의 원의에 가깝게 부합한다고 믿는다.

공자가 군자를 주제 삼는 건 너무나 잘 알려져 있지만 그 덕목으로 '질質'과 '문文'이라는 걸 거론한다는 건 흥미롭다. 100% 정확하기는 어렵지만 실질과 지식의 의미라고 짐작된다.^{하버마스 식으로 말하자면} '이론과 실천(Theorie und Praxis)' 이 두 가지 중 어느 하나가 다른 하나를 이기면勝, 즉 한쪽에만 치우치면 균형이 기울어 제대로 된 군자가 될 수 없다는 지적이다. 문과 질이 둘 다 겸비되어 조화를 이루어야文質彬彬 비로소 군자란 말이다.「제12편 제8장」에도 비슷한 말이 있음.……質猶文也……

실질이 지식을 이기면 거친 야인野人이고 반대로 지식이 실질을 이기면 기록-비평이나 하는 사관史官[4] 같아서 문제일 수 있다는 우려다. 그의 이런 말은 역시 지금 여기의 현실을 통해 그 실상과 의의가 확인된다.

실질이 세서 야성적인 / 거친 사람도 많다. 지식만 많고 실질은 뒷전인 이론적인 / 따분한 사람도 많다. 지성과 실천성을 함께 갖춘 조화로운 인격체, 그런 군자가 그리운 게 예나 지금이나 거기나 여기나 다를 바 없는 세상의 본질인가보다.

---

4   하이데거가 비판적으로 언급하는 '학자(Wissenschaftler)'.

30

고급언어와 사람의 수준

● 제6편, 제21장

子曰, "中人以上, 可以語上也, 中人以下, 不可以語上也."

자왈 "중인이상, 가이어상야, 중인이하, 불가이어상야."

"중급中級 이상의 사람에게는 상급上級의 말을 해줄 수 있으나 중급 이하의 사람에게는 상급의 말을 해줄 수 없다."

일반인에게 유명하지는 않으나 대단히 흥미로운 발언이다. 공자는 여기서 사람人과 말語에 대해서 말한다. 그런데 사람에 대해서도 말에 대해서도 그는 등급을 매기고 있다. 각각 상중하가 있는 것이다. 말하자면 상인-중인-하인, 상어-중어-하어다. 물론 여기서 구체적으로 언급되는 것은, '중인中人'과 '상어上語'다. '상을 말한다語上'고 하는 것이 결국 상어를 가리킨다. 그 '중'이 이미 상-하를 전제한 것이고, 그 '상'이 이미 중-하를 전제한 것이다.

물론 중요한 것은 사람도 말도 그 내용이다. 어떤 게 상인上人이고 어떤 게 상어上語일까. 공자도 그 내용에 대해서는 언급이 없다.

그러나 짐작은 할 수 있다. 적어도 소인이 아닌 사람이 '상인'일 것이고, 『논어』에서 공자 본인이 실제로 하고 있는 모든 말들이 바로 '상어'일 것이다. 본인이 그 '어상語上, 상급의 말을 해주는 것'의 모범을 보이고 있는 것이다. 군자, 도, 인의예지, 정, 역, 충, 신, 효……등에 대한 말이다. 실제로 들어보면 곧바로 알지만 상급을 넘은 특급의 언어들이다.

그런데 흥미로운 건 이런 상급의 말들에 대해 가-불가를 언급하는 것이다. 특히 중인 이하에 대해서는 이런 말들이 소용없다는 것이다中人以下, 不可以語上也. 아닌 게 아니라 그렇다. 아무리 좋은 / 중요한 말도 전혀 씨알이 안 먹히는 부류의 인간, 하급의 인간이 있다. 오죽 답답하면 공자가 이런 말을 남겼겠는가. "돼지에게 진주를 던져주지 말라"마태복음 7:6고 했던 예수도 아마 똑같은 심정이었을 것이다. 돼지 = 중인이하中人以下다. 진주 = 상어上語다. "저들이 그것을 발로 밟고 돌이켜 너희를 찢어 상하게 할까 염려된다"는 건 아마 예수만의 걱정도 아니었을 것이다. 위의 저 말에 이어질 공자의 뒷말이 궁금해진다.

31

안다는 것과 어질다는 것

● 제6편, 제22장

樊遲問知. 子曰, "務民之義, 敬鬼神而遠之, 可謂知矣." 問
仁. 曰, "仁者先難而後獲, 可謂仁矣."

번지문지. 자왈, "무민지의, 경귀신이원지, 가위지의." 문인. 왈, "인
자선난이후획, 가위인의."

번지樊遲가 앎에 대해 묻자……말씀하셨다. "백성을 의롭게 하는
일에 힘쓰고 귀신을 공경하면서도 멀리하면 안다 할 수 있을 것이
다." 어짊에 대해 묻자 말씀하셨다. "어진 사람은 어려움은 (자기가)
먼저 하고 얻음은 (자기가) 나중에 한다. 그리하면 어질다 할 수 있
을 것이다."*

제자 번지樊遲와 공자의 대화다. 번지가 '지知'와 '인仁'에 대해 물
었고 공자가 대답했다. 하나씩 생각해보자.

'지知, 안다는 것'에 대해 공자는 "백성을 의롭게 하는 일에 힘쓰고
귀신을 공경하면서도 멀리한다"고 답했다. '경이원지敬而遠之, 경원시한다'

라는 유명한 말이 바로 여기에 나온다. 백성의 의로움에 힘쓰라는 것도 귀신을 경원하라는 것도 특별히 어려운 말은 아니다. 그러나 이 말의 의도는 곧바로 들어오지 않는다. 단, 잘 생각해보면 공자의 뜻이 읽힌다. 죽은 귀신[5]을 모시기보다 살아있는 백성을 특히 그 옳고-그름을 관심사로 삼고 힘쓰라는 것이다. 백성의 의로움이 중하다는 취지다. 귀신은 경이원지 공경은 하되 거리를 두는 것 정도로 하라는 것이다. 그러면 적어도 '뭐가 중요한지는 안다'고 할 수 있다는 뜻이다. 요즘 식으로 말하자면 '뭐 좀 안다'고 할 수 있다는 말이다. 제사가 만사인 듯 여기며 종부들을 혹사했던 뭣도 몰랐던 조선의 유림들이 이 말을 제대로 알아들었더라면 좋았을 것이다.

'인仁'에 대해 공자는 인자仁者, 어진 사람의 경우를 예로 든다. 추상적 개념론이 아니라 실제 사례를 드는 것은 공자의 큰 장점이고 매력이다. 그 사례가 '선난이후획先難而後獲, 어려움은 (자기가) 먼저 하고 얻음은 (자기가) 나중에 하는 것'이다. 이 말은 대부분 엉뚱하게 오해된다. 「제12편 제22장」에서, 같은 번지의 질문에 답한 "일하는 것은 (내가) 먼저 하고 그 결과획득은 (내가) 나중으로 하는 것先事後得, 非崇德與?"도 비슷한 사정이다. '결과보다는 그 결과에 이르는 진지한 노력의 과정을 중시하는 것, 어려운 과정을 생략한 채 손쉽게 어떤 결과에 이르려 하는 경박한 자세를 경계한 말'이 아닌 것이다. 그렇게 읽으면 이게 왜 '인仁/사람에 대한 사랑'에 대한 설명인지 도저히 연결이 안 된다. 그런데 위와 같이 읽으면 곧바로 이 말의 의도가 이해된다. 굳이 다른 설명도 필요

---

5   요즘 우리가 생각하는 '월하의 공동묘지'에 나올법한 으스스한 귀신, 처녀귀신 달걀귀신 따위가 아니라 죽은 사람의 영혼 / 혼백 같은 것.

없다. '어려운 건 내가 먼저', '이득은 내가 나중'이다. (물론 나의 이득을 아예 생각하지 말라는 건 절대 아니다. 그 우선순위가 나중일 뿐이다) 이건 모든 것을 '기己와 인人'이라는 틀 속에서 생각하는, 그리고 자기보다 남을 먼저 고려 / 배려하는 공자의 가치관과 정확히 일치하는 것이다. 이게 바로 '남 / 사람에 대한 사랑愛人'인 '인仁'인 것이다. '먼저 그 일의 어려운 바를 하고, 그런 다음에 그 효과의 얻는 바를 한다先其事之所難, 而後其效之所得'고 풀이한 주자朱子도, '선난은 극기(라는 뜻)이다. 어려운 바를 먼저 하고 그리고 얻는 바를 계산하지 않는다先難, 克己也. 以所難為先, 而不計所獲'라고 풀이한 정자程子도 당연히 틀렸다. 그런 뜻이 절대 아니다. 이 간단한 말을 왜 이토록 대단한 인물들이 이토록 엉터리로 풀었는지 불가사의할 정도다.

인이란 남을 사랑하는 것이니 당연히 남을 먼저 나를 나중으로 생각하는 것이다. 실로 공자다운 말이 아닐 수 없다.

32

널리 베풀어서 구제하는 것

● 제6편, 제30장

子貢曰, "如有博施於民而能濟衆, 何如? 可謂仁乎?" 子曰, "何事於仁! 必也聖乎! 堯舜其猶病諸! 夫仁者, 己欲立而立人, 己欲達而達人. 能近取譬, 可謂仁之方也已."

자공왈, "여유박시어민이능제중, 하여? 가위인호?" 자왈, "하사어인! 필야성호! 요순기유병저! 부인자, 기욕립이립인, 기욕달이달인. 능근취비, 가위인지방야이."

자공이 말했다. "만약 백성들에게 널리 베풀어서 뭇 사람을 구제할 수 있다면 어떠합니까? 가히 어질다 할 수 있겠습니까?" "어떻게 어진 정도이겠느냐? 필시 성스러움의 경지일 것이다. 요임금과 순임금도 바로 그 문제로 애태웠었다. 무릇 어진 자는 자기가 서기를 바라니 남을 세우고 자기가 도달하기를 바라니 남을 도달시킨다. (이렇듯) 가까운 데서 능히 예例를 찾으니 그것이 어짊의 방식이라 할 수 있다."

'인仁'에 대한 자공과 공자의 대화이다. 자공이 먼저 그 내용이랄까 경지 같은 것은 제시하며 그게 어떠한지, 그런 내용 / 경지라면 인이라 할 수 있는지를 묻는다. 그게 '박시어민博施於民 이능제중而能濟衆' 즉 '백성들에게 널리 베풀어서 많은 사람을 구제할 수 있는 것'이다. 이에 대한 공자의 대답이 흥미롭다. 그 정도면 어짊의 차원을 넘어 '성인聖'의 경지라는 것이다. 그걸 강조라도 하듯 그가 존경해 마지않는 요순堯舜까지도 동원한다. 그들이 바로 그런 걸 실현해 보려고 애태웠었다는 것이다. 그들의 최대 관심사였다는 말이다.其猶病諸

이 대화의 주제는 물론 '인'이지만 그 중심에 '백성'과 '뭇 사람'이 언급되고 있음을 우리는 주목할 필요가 있다. 어진 사람의 시선은 당연히 '다른 사람 / 남人'인데, 그것이 백성民 / 대중衆으로 구체화되어 있는 것이다. 공자의 윤리가 사회적 / 정치적 / 민주적이었음을 여실히 보여준다. 게다가 더욱 주목을 끄는 것은 그 구체적인 목적이 그들을 구제하는 것濟衆이고 그 수단이 널리 베푸는 것博施이라는 사실이다. 요즘 식으로 말하자면 이른바 '민생'이다. 빼앗는 것이 아니라 베푸는 것이다. 더욱이 널리 베푸는 것이다. 보편적인 수혜를 꾀하는 것이다. '제濟'라는 것은 말하자면 문제의 해결이다. 민생고로부터 헤어나게 하는 것이다. 백성의 삶에는 아무래도 좋고 온통 권력에만 코를 대고 킁킁거리는 오늘날의 정치세력들이 뜨끔하게 듣고 귀감으로 삼아야 할 말이 아닐 수 없다.

더욱 흥미로운 것은 공자가 덧붙인 철학적 원리다. 그게 발언의 뒷부분이다. 어짊仁 즉 남에 대한 사랑이란 것은 막연하고 추상적인 것이 아니라, 구체적으로 섬立과 도달함達, 혹은 통달함이라는 형태가 될 수 있는데, 자기의 경우己를 준거로 해서 타인의 경우人를 고려한다는 것이다. 자기의 욕구 / 욕망己欲을 타인에게도 준용한다而立人 / 而達人는 원칙이다. 인이란 '나만주의'가 아니라 '너도주의'인 셈이다. 이기주의가 아니라 이타주의를 포함하는 것이다. 어찌 숭고한 윤리가 아닐 수 있겠는가. 남에게 어떻게 / 왜 해주어야 하는가 하는 기준 내지 근거를 자기 자신에게서 찾고 있으니 이것을 공자는 '능근취비能近取譬'라고 표현한 것이다. '인'의 사례는 멀리서 찾을 것이 없다. 가까운 데近에서 즉 자기 자신에게서 찾을 수 있다는 말이다. 내가 원하는 것欲은 남에게도 그렇게立 / 達 해주자, 그게 '인'인 것이다. 그게 방책仁之方인 것이다. 인의 실천방식은 그런 것일 따름이지 달리 뭐가 있는 게 아니라는 말이다.也已 '기소불욕 물시어인내게 내키지 않는 바를 남에게 베풀지 말라'의 포지티브한 어법이다. 같은 취지다. 정말 놀라운 철학이 아닐 수 없다.

33

공자에게 있는 것

● 제7편, 제2장

子曰, "黙而識之, 學而不厭, 誨人不倦, 何有於我哉?"
자왈 "묵이식지, 학이불염, 회인불권, 하유어아재."

"말없이 파악하고, 배우되 싫증 내지 않으며, 사람을 가르침에 지치지 않는다. 달리 무엇이 나에게 있겠느냐?"

공자가 자기 자신에 대해 말한 자술이다. 그의 가치관이 여실히 드러나 있다. 인간 공자의 진면목을 엿볼 수 있는 소중한 자료다. 우리가 참고하고 배울 수 있는 게 하나둘이 아니다.

'식지識之'는 안다는 것이다. 뭐가 중요한지 그게 어떤 건지를 안다는 것이다. 여기서 추상대명사인 '지之, 이것'는 무엇을 가리킬까. 분명치는 않다. 그러나 아마도 공자 본인이 『논어』 전편에서 말하고 있는 그런 것들일 것이다.

더욱이 '묵이黙而'다. '말없이'다. 묵묵히 이 중요한 일을 하는 사람이라는 것이다. 아는 척 떠벌리지 않는다는 것이다. 그 자체로 깊은 인품이다. 우리가 잘 아는, 말 많은 지식인들과는 확연히 다르다.

그리고 '학이學而'다. 유명한 제1편 제1장 '학이시습지'의 그 '학이'와 다른 것이 아니다. 호학好學의 그 학이기도 하다. 배우는 것이다. 무엇을? 그 내용은 아마 논어 전편에, 공자의 발언 속에 구체적으로 드러나 있을 것이다.

더욱이 '불염不厭' 즉 싫증내지 않는다고 했다. 「제1편 제1장」에서는 그걸 기쁘다 說, 悅고 했다. 호학의 '호好, 좋아함'와 다른 게 아니다. 역시 그의 가치관이다.

그리고 '회인誨人'이다. 남을 가르치는 / 깨우치는 것이다. 알게 된 / 배운 바를 공유하는 것이다. 부처도 소크라테스도 예수도 그랬다. 그래서 이들이 인류의 위대한 스승인 것이다.

게다가 '불권不倦' 따분해하지 / 지치지 않는다. 이런 '한결같음 / 꾸준함 자체도 역시 하나의 덕이다.

"달리 무엇이 나에게 있겠느냐何有於我哉?"라고 했으니 이게 자기라는 인간의 핵심이자 전부라고 평가한 것이다. 딱 세 마디지만 사실 이것만 해도 얼마나 대단한 모습인가.

뒤집어서 한번 생각해보자. 중요한 것에 대해 아무것도 모르고 알려고도 하지 않고, 조금 알면 거창하게 떠벌리고, 배우는 건 전혀 관심도 없고 조금 시도하더라도 작심삼일이고 금방 싫증낸다. 남을 가르친다는 것도 관심 없다. 남이 / 세상이 이렇거나 저렇거나 개판이거나 말거나 상관하지 않는다. 나만 / 우리만 잘 먹고 잘 살면 그만이다. 설혹 좀 나서더라도 잠시잠깐이다. 가르침誨人이란 걸 평생의 과업으로 꾸준히 지속하는 사람은 몇이나 되겠는가. 그게 세상사람들의 실상이다.

그런데 공자는 다른 것이다. '난 이런 사람이야'라고 스스로 / 당당히 밝힌다. '나에게 달리 무엇이 있겠느냐'고 그는 마치 별것 아닌 것처럼 겸손을 떨지만 실은 자부심이 넘치는 발언이기도 하다. 남들은 "안 되는 줄 알면서도 하는 사람「제14편 제41장」知其不可而爲之者"이라고 평했고 심지어 "상갓집 개喪家之狗" 같다고 비웃기도 했지만,사마천의「공자세가」(『사기』), 공안국의「곤서편」(『공자가어』) 참조 이런 세평조차도 그 전후 문맥을 살펴보면 실은 그의 진면목을 돋보이게 해줄 따름이다.

공자, 그는 당시의 어두운 세상을 배경으로 돋보이는 별star이었고 2,500년이 지난 지금도 여전히 빛을 발하는 별이다. 단언하건데 그는 앞으로도 영원히 저물지 않을 별이다.

34

공자의 근심거리

● 제7편, 제3장

子曰, "德之不脩, 學之不講, 聞義不能徙, 不善不能改, 是吾
憂也."

자왈, "덕지불수, 학지불강, 문의불능사, 불선불능개, 시오우야."

"덕이 닦아지지 않는 것, 배움이 이해되지 않는 것, 의로운 일을
듣고도 능히 나아가지 못하는 것, 선하지 못한 점을 능히 고치지 못
하는 것, 이것이 나의 근심이다."

이것도 역시 공자의 자평에 속한다. 그의 사람됨을 엿볼 수 있
다. '나의 근심吾憂'이라 했으니 아주 구체적이고 실질적이다. 네 가
지가 나열되고 있다. 모두 '못할까不'하고 걱정하는 것이다. 무엇을?
모두 다 그가 가치있는 거라고 생각하는 것이다. 덕德, 학學, 의義, 선
善, 우리에게 이미 익숙한 덕목들이다. 좀 더 구체적으로는 수덕脩德,
강학講學, 사의徙義, 개불선改不善, 즉, 덕을 닦는 것, 배운 것을 이해하는
것, 의로움으로 나아가는 것, 불선잘못을 고치는 것이다.

공자가 돋보이는 것은 이런 가치들이 그의 절실한 관심사라는 것이다. 이런 게 인간을 인간답게 세상을 세상답게 만들어주는 가치들임에도 불구하고 그때나 지금이나 세상사람들의 관심 밖에 놓여 있다. 그런데 공자는 이런 걸 근심憂하고 있는 것이다.

이런 걸 근심하는 사람이 공자 말고 몇이나 더 있었을까. 요즘은 과연 얼마나 있을까. 이런 걸 대놓고 '나의 근심'이라 말하고 있는데 확신이 아니고서야 어찌 이런 말을 이렇게 할 수 있겠는가. 절로 고개가 숙여진다.

이 말을 들으면서 우리도 한번쯤은 스스로를 돌아봐야겠다. 나는 지금 도대체 뭘 근심하고 있을까? 성적이나 취직이나 출세나 돈이나 그런 것 말고 이 비슷한 것이라도 한 조각 있을까? 근심은 사람의 정체를 드러낸다.

35

함께하지 않을 사람, 함께할 사람

● 제7편, 제12장

子路曰, "子行三軍, 則誰與?" 子曰, "暴虎馮河, 死而無悔者,
吾不與也. 必也臨事而懼, 好謀而成者也."

자로왈, "자행삼군, 즉수여?" 자왈, "포호풍하, 사이무회자, 오불여
야. 필야림사이구, 호모이성자야."

자로가 말했다. "선생님께서 삼군을 지휘하신다면 누구와 함께
하시겠습니까?"……말씀하셨다. "맨손으로 호랑이를 잡으려 들거
나 걸어서 강을 건너려 하다가 죽더라도 뉘우치지 않는 사람과 나
는 함께하지 않겠다. 반드시 함께 할 것은 일에 임해서는 두려워하
고 계책을 좋아하여 마침내 이루는 사람이다."

제자 자로와의 대화다. 가정이지만 그 주제가 흥미롭다. 만일
선생님이 삼군^{좌·우·중군}의 총사령관이라면 어떤 인물을 곁에 두겠느
냐^{誰與}는 것이다. 군대 이야기니 만큼 장병의 목숨은 물론 승패에 따
라 국가의 존망이 걸려 있으니 이 사안이 간단할 수 없다.

공자의 대답은 두 마디다. 하나는 '불여不與'. 하나는 '필여必與', 즉 함께하지 않을 사람, 반드시 함께할 사람의 경우다. ① "맨손으로 호랑이를 잡으려 들거나 걸어서 강을 건너려 하다가 죽더라도 뉘우치지 않는 사람暴虎馮河, 死而無悔者"이 전자고, ② "일에 임해서는 두려워하고 궁리하기를 좋아하여 마침내 이루는 사람臨事而懼, 好謀而成者"이 후자다. 선명하게 대비되는 두 타입이다.

①도 ②도 실제로 있다. ①은 무모한 사람이다. ②는 신중한 사람이다. ①은 고집스런 사람이고 ②는 현명한 사람이다. 가장 중요한 것은 '이룬다成, 승리한다'는 것이다. 공자가 단순한 / 막연한 이상주의자가 아니라 철저한 현실주의자였음을 여기서 확인할 수 있다. 아니 정확하게는 현실적 이상주의? 혹은 이상적 현실주의? 이 둘은 단순한 모순이 아니라 양립가능한 상호보완이다. 가장 바람직한 형태다. 공자는 도와 덕을 말하면서도 이렇듯 모謀, 계책와 성成, 승리도 말하였으니 이상과 현실 양면을 다 갖춘 완성체였던 셈이다. 2,500년 전에 이런 인물이 있었다니 생각할수록 놀랍다.

36

추구할 일과 부유라는 조건

● 제7편, 제13장

子曰, "富而可求也, 雖執鞭之士, 吾亦爲之. 如不可求, 從吾
所好."

자왈, "부이가구야, 수집편지사, 오역위지. 여불가구, 종오소호."

"부유하고도 구할 수 있다면 비록 채찍 잡는 선비라도 나 또한
할 것이다. 그러나 만약 (부유하고는) 구할 수 없다면 내가 좋아하는
바를 따르겠다."

『논어』에 '오푬,나'라는 말이 나오면 눈을 크게 뜨게 된다. 공
자가 자기 자신에 대해 언급하는 흥미로운 진술이기 때문이다. 여
기서는 '부富'에 대한 공자의 인식을 짐작할 수 있다. "부와 귀는 사
람이 바라는 바이나 도로써 얻는 게 아니라면 거기에 몸담지 않는
다.「제4편 제5장」富與貴, 是人之所欲也, 不以其道得之, 不處也……", "의롭지 않게 부하고
귀한 것은 내게는 뜬구름과 같다.「제7편 제16」不義而富且貴 於我如浮雲" 등에서
그의 기본 입장은 이미 잘 알려져 있다. 부 자체를 부정적으로 보지

는 않는다. 단, 그에게는 '도道'와 '의義'라는 확고한 기준 내지 조건이 있다. 정당한 부라면 작더라도 마다하지 않으나 부당한 부라면 크더라도 아무 의미 없다는 것이다.

위의 말도 그것을 확인해준다. 단, 분명히 생각해야 할 것은 '가구可求, 구할 수 있다면'라는 말이다. 무엇을 구한다는 말인가. 이걸 '부'라고 보는 견해도 있는데 그건 아니다. 문장의 앞뒤가 맞지 않는다. 그렇다면?「제4편 제5장」과「제7편 제16장」에서 분명하듯 '도'와 '의'라고 풀어야 한다. '부'가 그 조건이 되는 것이다. 부가 그것의 방해가 안 된다면 (편집지사執鞭之士[1] 같은) 하찮은 일이라도 마다하지 않을 것이고吾亦爲之 부가 그것의 방해가 된다면 (아무리 좋은 거라도 돌아보지 않고) 그냥 내가 좋아하는 걸 하겠다從吾所好 는 것이다.

온 세상 거의 모두가 '부'라는 결승선을 향해 돌진하는 세상이니 예수의 저 말 "부자가 천국에 들어가는 것은 낙타가 바늘구멍을 통과하는 것보다 어렵다"마태복음 19:23~24와 함께 고민스럽게 들어야 할 말이 아닐 수 없다.

---

1   주례(周禮) 추관(秋官)에 의하면 편집지사(執鞭之士)는 두 가지 의미가 있다. 하나는 천자(天子)나 제후가 출입할 때 채찍을 들고 길을 트는 역할을 하는 사람(2~8인)이며, 다른 하나는 채찍을 들고 시장의 질서를 유지하는 역할을 하는 사람이다. 자유롭게 확대해석하자면, 교편(가르침의 채찍)을 잡는 소박한 서당 훈장 정도로 이해할 수도 있겠다.

37

공자의 사람됨

● 제7편, 제19장

葉公問孔子於子路, 子路不對. 子曰, "女奚不曰, 其爲人也,
發憤忘食, 樂以忘憂, 不知老之將至云爾."

섭공문공자어자로, 자로부대. 자왈, "여해불왈, 기위인야, 발분망식,
락이망우, 부지로지장지운이."

섭공葉公이 자로子路에게 공자에 관해 물었으나 자로는 대답하지
못했다. (이를 두고)……말씀하셨다. "너는 왜 그의 사람됨이 발분하
면 먹는 것을 잊고 즐거움으로써 근심을 잊으며 장차 늙음이 오리
라는 것도 모르고 있는 사람이라고 말하지 않았느냐?"

유명한 말이다. 공자가 자기 자신을, 특히 '사람됨爲人'을 이렇
게 묘사한 것이다. 자평이다. 그래서 흥미롭다.

그 내용이 세 마디다. '발분하면 먹는 것을 잊는다發憤忘食', '즐거
움으로써 근심을 잊는다樂以忘憂', '장차 늙음이 오리라는 것도 모른다
不知老之將至'는 것이다. 들으면 지금도 곧바로 이해되는 말들이다. 그

러나 그 내용은 간단하지 않다. 망식忘食 망우忘憂 부지로不知老......즉 먹는 것을 잊고 근심을 잊으며 늙을 줄도 모른다는 것이다. 이게 왜 간단하지 않은가.

식食, 우憂, 로老는 우리 인간의 피할 수 없는 운명 같은 것이다. 따라서 최고의 관심사다. 그런데 공자는 이런 것조차도 잊어버리고 모른다는 것이다. 단 '무엇 때문에'라는 것이 있다. 더한 관심사가 있다는 말이다. 그게 '발분'이고 '즐거움'이다. '늙음'에 대해서는 구체적인 언급은 없다. 아마 같은 이유이기에 생략되었을 것이다. 혹은 다른 이유가 생략되어 있을 수도 있다. 그가 실제로 말했고 행했던 모든 일들이 다 해당한다.

'발분發憤'은 '이건 꼭 해야 한다'고 작정하고 나서는 것이다. 무엇을? 그 답은 논어 전편에 널려 있다. 그 핵심은 아마도 '정正'과 '역易'일 것이다. 바로잡고 바꿔놓는 것이다. 일깨움誨도 있을 것이다. 무엇을? 사람과 세상이다. 더욱이 그의 이 발분은 '먹는 것'도 잊게 한다. 알다시피 먹는 것은 우리 인간에겐 기본 중의 기본이다. 공자도 먹는 것엔 무심하지 않았다. 심지어 공자는 고기도 좋아했다. 그걸 잊을 만큼 그는 발분했다는 증거가 된다.

'즐거움樂'은 공자의 특이한 가치관이다. 알다시피 그는 대단한 가치인 '지知'와 '호好'보다도 '락樂'을 최고 단계로 쳤다. 앎도 좋아함도 즐김만 못하다는 것이다.「제6편 제20장」"知之者不如好之者, 好之者不如樂之者." 논어 전편에 이 글자가 (음악의 악을 포함해) 52회나 등장한다. 공자 특유의 미학이 있는 것이다. 그래서 공자는 부처나 예수에 비해 그 '인간적'인 면모가 두드러진다. 더욱이 이 즐거움은 '근심憂'도 잊게 한다. 알다시피 이 근심이라는 건 하이데거가 지적한대로 '인간의 존재 Sein des Daseins' 그 자체다. 살아있는 한 우리는 이 근심 cura의 손아귀를 못 벗어난다. 그런데도 공자는 이걸 잊을 만큼 즐거워했다는 것이다. 거기엔 '벗이 있어 먼 데서 찾아옴 有朋自遠方來'이나 '요산 요수 樂山樂水' 같은 것도 있었다. 심지어 '간단한 식사와 팔을 베고 누움 飯疏食飲水, 曲肱而枕之' 같은 데서도 그는 즐거움을 느꼈다 樂亦在其中矣. 이른바 긍정 마인드의 선구자 격인 셈이다.

'부지로지장지 不知老之將至'는 그가 세월을 의식하지 않고 그의 가치 추구에 몰입한 모습을 여실히 보여준다. 사뮈엘 울만은 「청춘 Youth」이란 글에서 "머리를 높이 치켜들고 희망의 물결을 붙잡는 한, 80세라도 인간은 청춘으로 남는다"고 노래했는데 이미 2,500년 전 공자가 그 모범을 보여준 것이다. 공자는 어쩌면 아직도 자기가 늙은 줄도 죽은 줄도 모르고, 우리들 가슴 속에서 청춘을 구가하며 발분망식 락이망우하고 있는 건지도 모르겠다.

38

옛것을 좋아해서 추구함

● 제7편, 제20장

子曰, "我非生而知之者, 好古敏以求之者也."

자왈, "아비생이지지자, 호고민이구지자야."

"나는 나면서부터 아는 사람生而知之者이 아니라 옛것을 좋아해서 힘써 그것을 구하는 사람이다."

이것도 공자가 자기 자신에 대해 언급하는 자평이다. '나면서부터 아는 사람生而知之者, 생이지지자'은 아니라는 것이다. 「제16편 제9장」의 유명한 말生而知之者上也, 學而知之者次也, 困而學之, 又其次也, 困而不學, 民斯爲下矣과 무관하지 않다. 거기서 공자는 사람을 4등급상·차·우기차·하으로 나누었는데 자기는 최소한 그 '상上' 즉 1등급은 아니라는 것이다. 공자도 아니라면 애당초 그 '생이지지자'란 게 있기는 있는 걸까? 있을 수는 있는 걸까?

아무튼 그렇다면 공자는 과연 몇 등급일까. 직접적인 대답은 없다. 그 대신이 "옛것을 좋아해서 힘써 그것을 구하는 사람好古敏以求

之者"이라는 것이다. '구지求之'라는 건 물론 가지려고 찾는 행위지만 '생이지지生而知之'를 언급하고 있는 이상 '지지知之'와 무관할 순 없다. 지知와 구求는 서로 얽혀 있다.

흥미로운 건 그 대상이다. 그게 '고古, 옛것'라는 사실이다. 그걸 좋아한다好古는 것이다. 이건 공자의 큰 특징이다. '온고지신溫故知新' 「제2편 제11장」 '술이부작述而不作'「제7편 제1장」이라는 유명한 말에서도 그렇지만 공자는 '중요한 것 / 좋은 것이 옛날에 이미 있었다'고 전제하고 있다. 그것을 좋아하고 추구하고 알려는 것이다. 그것을 전술할 따름이지 없던 걸 자기가 만들어내려는 건 아니라는 말이다. 중국인으로 태어난 공자의 복인지도 모르겠다. 잘 알려진 대로 그건 하夏-은殷-주周 3대의 문화다. 요순우탕堯舜禹湯 문무주공文武周公의 모범적 사례가 있다. 백이伯夷 숙제叔齊 류하혜柳下惠 등도 있다. 당대의 자산子産도 있다. 제법 많다.

더욱 중요한 건 그런 사례를 대하는 평가 / 태도다. 공자는 그걸 '옛것을 좋아해서 힘써 그것을 구한다好古敏以求之'고 표현했다. 그건 우리도 똑같이 할 수 있는 것이다. 그의 전매특허는 아닌 것이다. 더구나 우리의 '고古'에는 '공자' 및 그 이후의 2천 수백 년이, 게다가 서양까지 추가로 포함된다는 점에서 우리는 공자 본인보다 훨씬 더 조건이 좋다고도 할 수 있다. 우리는 과연 그 옛것古을 좋아好하고 힘써敏以 구求하는지, 공자와 비교하며 한번 자성해볼 필요가 있겠다.

39

나는 숨긴 것이 없다

● 제7편, 제24장

子曰, "二三子以我爲隱乎? 吾無隱乎爾. 吾無行而不與二三子者, 是丘也."

자왈, "이삼자이아위은호? 오무은호이. 오무행이불여이삼자자, 시구야."

"너희들은 내가 자신을 숨기고 있다고 보느냐? 나는 너희들에게 아무것도 숨기지 않았다. 나는 무엇을 하든 너희들과 함께하지 않은 것이 없으니 그것이 바로 나다."

이 역시 공자가 자신에 대해 말하고 있는 흥미로운 단편이다. 보다시피 어려운 말은 하나도 없다. 밋밋하게 들릴 정도다. 그러나 묘한 것이 있다. '숨기다隱, 은'라는 말과 '행함에……함께하지 않은 게 없다無行而不與……'는 말이다.

우리가 이 말을 들을 때 생각해볼 것은, 공자가 '이삼자二三子, 너희들'이라고 부르는 최측근 제자들이 공자에 대해 그가 무언가를 숨기고 / 감추고 있다고 그렇게 여기고 있다는 것이다. 그리고 공자 본인이 그런 낌새를 알아차리고 있다는 것이다. 여기서 '은隱'은 고의로 뭔가를 숨기고 있다기보다는 제자들 보기에 자기네가 모르는 뭔가 신비로운 / 대단한 / 비밀스런 것이 선생님께 감추어져 있는 것처럼 여기고 있다는 것이다. 공자는 바로 그걸 알아채고 부인하고 경계한 것이라고 읽어야 한다. 자기를 신비화시켜 숭배하는 것을 경계한 것이다. 왜? 그런 건 없다는 것이다吾無隱乎爾. 자기는 그런 사람이 아니라는 것이다是丘也.

왜? 그게, 내가 무엇을 하든行而 다 너희들과 함께했으니無……不與 너희들이 다 보지 않았느냐는 것이다吾無行而不與二三子者. 너희들이 본 그 모습 말고 따로 숨겨진 공자 같은 건 없다는 것이다.

이 말은 묘하게도, '다 보여줘서 다 보았을 텐데도 나를 제대로 보지 못한 너희들에게 문제가 있다'는 은근한 질책이기도 하다. 있는 그대로 보라는 말이다. 선생 공자의 안타까움을 드러낸 '너무나 인간적인' 모습이 아닐 수 없다. 실은 아무것도 없으면서 대단한 뭐가 있는 것처럼 자신을 신비화 / 우상화하는 소위 사이비 교주들과는 전혀 다른 모습이다. 이런 걸 우리는 흔히 '진짜배기'라고 부르기도 한다.

40

진실된 사람

● 제7편, 제28장

子曰, "善人, 吾不得而見之矣, 得見有恒者, 斯可矣. 亡而爲有, 虛而爲盈, 約而爲泰, 難乎有恒矣."

자왈, "선인, 오부득이견지의, 득견유항자, 사가의. 무이위유, 허이위영, 약이위태, 난호유항의."

"선인善人을 나는 만나 본 적이 없다. (하지만) 진실된 이有恒者를 만나 보는 것, 그건 가능하다. 없는데도 있다 하고 비었는데도 찼다하고 줄인 건데도 크다 하고 해서는 어렵다, 진실되기가."

이 말은 아주 유명하진 않다. 하지만 '훌륭한 사람 / 그렇지 못한 사람'에 대해 생각거리를 제공한다. 여기서 공자는 '선인善人'과 '유항자有恒者'라는 인간상을 제시한다. 군자-소인 같은 대비는 아니다. 이상적 선인과 현실적 대안인 유항자의 대비다. 완전한 선을 구현한 사람善人은 현실적으론 불가능하다는 공자의 생각이 읽힌다. '나는 만나서 본적이 없다吾不得而見之'는 게 그런 뜻이다.

그래서 공자는 그 현실적 대안으로 '유항자^{有恒者}, 생각 / 언어 / 행동이 한결같은 / 진실된 사람'를 제시한다. 그런 사람은 실제로 만나볼 수 있다^{得見……斯可矣}는 것이다. 누구를 염두에 두고 있는지는 말하지 않는다. 어쩌면 제자 안연 같은 이가 이에 해당할 지도 모른다. '없는 걸 없다 하고 빈 걸 비었다 하고 줄인 걸 줄였다 하는 것'이 진실됨 / 항상됨^恒에 해당한다. 그런 사람이 '유항자'다. '한결같다'는 현대적 의미와는 약간 결이 다르다.

그 조건을 그는 반대의 형태로 말한다. 그게 세 가지다. '무이위유^{亡而爲有}' '허이위영^{虛而爲盈}' '약이위태^{約而爲泰}'다. 없는데도 있다 하고 비었는데도 찼다 하고 줄인 건데도 크다 하는 것이다. 이런 사람은 진실되기 어렵다^{難乎有恒}는 것이다. '유항자'로는 자격미달이라는 것이다.

'이위^{而爲}'는 A인데 B라는 것이니 ('지록위마^{指鹿爲馬}'처럼) 허위 내지 과장을 말한다. 구체적으로는 '무^亡를 유^有라' '허^虛를 영^盈이라' '약^約을 태^泰라' 하는 것이다. 없는데도 있다고, 비었는데도 가득 찼다고, 줄인 건데도 크다고 하는 것이다. 허위 / 과장이다. 어찌 진실되다 할 수 있겠는가. 무를 무라, 허를 허라, 약을 약이라 하면 일단 유항자다. 간단해 보이지만 현실을 보면 쉬운 일은 아니고 흔한 일도 아니다. 현실에서는 시비선악은 물론 사실관계도 뒤집어 왜곡하는 사람이 너무나 많다. 시^是를 시라 비^非를 비라 하는 것이 그토록 어려운가.

41

아는 것에 버금가는 것

● 제7편, 제30장

子曰, "蓋有不知而作之者, 我無是也. 多聞, 擇其善者而從之,
多見而識之, 知之次也.

자왈, "개유부지이작지자, 아무시야. 다문, 택기선자이종지, 다견이
식지, 지지차야."

"알지 못하면서도 지어내는 사람이 아마 있는 모양이나 나는 그
런 것 없다. 많이 들어서 그 중 좋은 것을 택하여 따르고 많이 보아
서 그것을 파악하니 (이는) 아는 것에 버금가는 것이다."

역시 널리 알려진 말은 아니나 알려져야 할 중요한 말이다. 사
람됨에 관한, 특히 안다는 것知에 대한 한 핵심을 짚어준다. 공자 자
신에 대한 자평이기도 해 흥미롭다.

'나는 지자는 아니다'라는 겸손과 '아는 것에 버금간다知之次'는
자부가 함께 있다. '알지 못하면서도 지어내는 사람不知而作之者'에 대
한 비판과 '나는 그런 것 없다我無是也'는 자부가 역시 함께 있다. '술이

부작述而不作「제7편 제1장」이란 유명한 말도 같은 취지다. 이 말에서는 뭔가 기시감이 느껴진다. '너 자신을무지를 알라gnōthi seauton'는 소크라테스의 말과 그 기조가 일맥상통하는 것이다.

그렇다면 공자 본인은 어떻단 말인가. '아는 것에 버금간다知之次'의 실상은 어떤 것인가. 일단 '다문多聞-다견多見많이 듣고 많이 보는 것이 전제된다. 견문을 넓히는 일이다. 이건 기본적으로 '공부'하는 것과 무관할 수 없다. 당연히 '경험'도 포함된다. 데카르트처럼 '세상이라는 커다란 책le grande livre du monde'을 읽는 것도 포함된다. 공자는 실제로 그렇게 했다. (14년에 걸친 소위 '주유열국周遊列國') 그런 전제 위에서 '그중 좋은 것을 택하여 따르고擇其善者而從之' '파악하고識之' 하는 것이다. 공자가 말하는 '앎知'에는 이런 선택과 따름, 그리고 파악함이라는 성격이 있다. '아는 척 지어내는 것'과는 구별된다. 지극히 구체적이고 실제적인 사람의 모습을 공자는 이렇게 밝혀 보여주고 있다. 그는 자기 자신도 너무나 잘 알고 있었다.

42

문제아를 대하는 태도

● 제7편, 제31장

互鄕難與言童子見, 門人惑. 子曰, "與其進也, 不與其退也,
唯何甚? 人絜己以進, 與其絜也, 不保其往也."

호향난여언동자견, 문인혹. 자왈, "여기진야, 불여기퇴야, 유하심?
인결기이진, 여기결야, 불보기왕야."

호향互鄕에 사는 함께 말하기 어려운 아이[문제아]를 만나주시니 문
인들이 의아해 하였다. 이에……말씀하셨다. "그의 진보에 함께하
는 것이지 그의 퇴보에 함께하는 것이 아니다. 그러니 뭐가 심하다
는 것이냐? 사람이 자신을 깨끗이 하여 나아가면 그 깨끗함에 함께
해 주는 것이다. 그가 지금껏 어떠했느냐는 문제 삼지 않는다."*

이 말도 많이 알려진 건 아니나 공자를 이해하는 데 아주 중요
한 단편이다. 이게 알려지지 못한 것은 종래의 해석이 거의 대부분
엉뚱한 것이어서 공자의 원의를 크게 벗어났기 때문이다. 이 말은
그 문맥에서 풀어야 비로소 진의가 이해될 수 있다. 2,500년 간 이

런 해석은 없었으나 이렇게 읽으면 더 이상 설명이 필요없을 만큼 그 의미가 곧바로 이해된다. 감동적으로 와 닿는다.

호향이란 마을의 한 '문제아難與言童子'가 공자를 찾아온 것이다. 공자가 그 친구를 만나준見 것이다. 문인들이 의아해한惑 것이다. 저런 아이를 선생님이 왜 만나주시지? 그걸 눈치채고 공자는 이렇게 말한 것이다. 향상되겠다고 나를 찾아왔으니 향상되도록 도와줘야 되지 않겠느냐. 퇴보시키려는 게 아니지 않느냐. 저 아이가 스스로 반성하고 문제를 고쳐絜己 향상되려고 하니以進 나도 저 아이의 문제를 고치도록 도와주려는 것이다與其絜也. 지금까지 어땠느냐 하는 건 문제되지 않는다. 예전의 그 문제점을 유지 / 보존하는 게 아니란 말이다不保其往也. 이런 이야기다.

모를 이야기가 한 마디라도 있는가. 교육학적으로 놀라운 장면이 아닐 수 없다. 역시 큰 스승이다. 페스탈로치의 선구자? 교육철학 분야에서 공자의 이 말을 어떻게 받아들이고 있는지 궁금하지 않을 수 없다.

43

몸소 행하는 군자의 경지

● 제7편, 제35장

子曰, "文莫吾猶人也. 躬行君子, 則吾未之有得."

자왈, "문막오유인야. 궁행군자, 즉오미지유득"

"학문에 있어서는 나도 남만큼 하지 못하겠느냐만 몸소 실천하
는 군자의 경지라면 나는 아직 얻지 못하였다."

이것도 공자가 자기 자신에 대해 말한 자평이다. 여기서는 포
인트가 두 가지다. 하나는 '학문에 있어서는 나도 남만큼 한다文莫吾猶
人也'는 것이고 또 하나는 '몸소 실천하는 군자의 경지라면 나는 아직
이르지 못하였다躬行君子, 則吾未之有得'는 것이다. 전자는 긍정적 평가고
후자는 부정적 평가다. 역시 공자답게 자부와 겸손이 함께 있다.

여기서는 '학문 / 지식 / 교양文'과 '(도덕적 / 정치적)실천躬行'이 대
비되고 있다. 공자를 어느 정도 아는 입장에서는 전자인 이 학문적
자부를 인정하지 않을 도리가 없다. 남들만큼은 한다고 공자는 다
소 겸손을 떨고 있지만, 그의 실제 언급들을 종합해보면 그가 학문

적으로 놀라운 대가임은 의심의 여지가 없다.

한편 궁행군자는? 정말 그 자신의 말대로 '아직 얻지 못하였'을까? 설마. 그만한 군자가 어디 흔하겠는가. 다만 공자는 자기 자신에 대한 기준이 너무 엄격했을 따름일 것이다. 이런 박한 자기 평가 자체가 공자의 또 다른 인품이기도 하다. 세상을 보면 안다. 이렇게 자기에게 엄격한 사람은 많지 않다. 군자라기엔 턱도 없는 사람이 너무나 태연스레 군자연한다. 학문 / 지식의 대가연하는 건 말할 것도 없다. 그런 사람은 우리 주변에 너무 많다.

문文과 행行을 함께 언급하고 있다는 사실 자체도 실은 공자의 훌륭함이다. 현대식으로 말하자면 '이론과 실천'인데, 이게 그의 관심사라는 증거가 되기 때문이다. 행은 특히나 '궁행躬行'이다. 자기가 몸소 실천하는 것이다. 이래저래 그는 인간의 사표가 아닐 수 없다.

44

싫증내지 않고 지치지 않음

● 제7편, 제36장

子曰, "若聖與仁, 則吾豈敢? 抑爲之不厭, 誨人不倦, 則可謂
云爾已矣." 公西華曰, "正唯弟子不能學也."

자왈, "약성여인, 즉오기감? 억위지불염, 회인불권, 즉가위운이이
의." 공서화왈, "정유제자불능학야."

"성인의 경지와 어짊의 단계라면 내가 어떻게 감히 이르렀겠느
냐. 다만 그것을 추구함에 싫증을 내지 않고 사람을 가르침에 지치
지 않는다고 말할 수 있을 따름이다." 공서화公西華가 말했다. "바로
그것을 우리 제자들은 능히 배우지 못하겠습니다."

『논어』 제7편은 공자의 자평이 많아 특별히 흥미롭다. 이 말도
그 중 하나다. 여기서는 그가 '성聖과 인仁'이라는 가치를 지향 / 추구
했음이 드러난다爲之. 성스러움과 어짊, 지금은 거의 사어가 되다시
피 한 말이고 추구되지 않는 가치들이다. 물론 공자 당시도 크게 다
르지는 않았을 것이다. 공자가 굳이 이런 걸 강조한 것도 그런 배경

을 짐작케 한다.

단, 공자도 이걸 지향 / 추구한다는 것이지 본인이 이미 그렇다는 건 아니다. '내가 어찌 감히^{吾豈敢}'라고 분명히 선을 긋는다. 물론 역사의 과정에서 그가 '성인군자'로 추앙받은[1] 점을 생각하면 본인의 평가와 세상의 평가 사이에 묘한 괴리가 느껴지기도 한다. 이런 겸손이 그의 인품에 매력을 더해주는 측면이 없지 않다.

단, 공자 본인도 자부하는 부분은 있다. 그게 "그것을 추구함에 싫증을 내지 않고 사람을 가르침에 지치지 않는다^{爲之不厭, 誨人不倦}"는 것이다. 제자 공서화^{公西華}가 "바로 그것을 우리 제자들은 능히 배우지 못하겠습니다^{不能學}"라고 했듯이 이것도 쉬운 일은 아니다. 돋보이는 면모다. 위지^{爲之} / 회인^{誨人}이 돋보이고 거기에 더해 불염^{不厭} / 불권^{不倦}이 돋보인다. 꾸준히 지칠 줄 모르고 싫증내지 않고 성과 인을 추구하고 사람을 일깨우려 한다는 것이다.

요즘도 이런 쪽에는 사람의 줄이 너무 짧다. 심지어 사람들은 아예 대놓고 이런 지향 / 추구와 일깨움을 배격하며, "너나 잘하세요"라는 저 친절한 금자 씨의 말로 비웃음을 던지기도 한다.

---

1 원 성종 11년(대덕(大德) 11년, 1307년)에 '대성지성문선왕(大成至聖文宣王)'이란 시호를 내렸다. 취푸(曲阜) 공자 묘지의 비석에도 새겨진 이것이 현재 성균관 대성전 등지의 공문사당 위패에 표기되는 공식 존호가 되기도 한다. 확실한 '성인' 심지어 지성이니 '최고성인' 대접인 셈이다.

45

사치와 검소, 불손과 고루

● 제7편, 제38장

子曰, "奢則不孫, 儉則固. 與其不孫也, 寧固."

자왈, "사즉불손, 검즉고. 여기불손야, 녕고."

"사치스럽다 보면 겸손하지 않게 되고 검소하다 보면 고루해진다. 겸손하지 않게 될 바에야 차라리 고루한 것이 낫다."*

여기서 공자는 '사치'와 '검소'라고 하는 것을 대비시키고 있다. 사람의 모습이다. 2,500년이 지난 지금도 이런 모습은 그대로다. 사치스런 사람이 있고 검소한 사람이 있다. '사奢'의 상징으로 마리 앙투아네트 / 이멜다 같은 사람이 화제가 되기도 했고 '검儉'의 상징으로 박정희 / 정주영 같은 분이 화제가 되기도 했다.

사도 검도 각각 부작용이 있다. 그게 '불손不孫'과 '고루固'다. 사는 부정적으로 검은 긍정적으로 평가되지만 불손과 고루는 일단 둘다 부정적이다. 이런 부작용이 있지만 그렇다 하더라도 불손보다는 차라리 고루한 게 낫다고 공자는 단언한다. 사치하지 말고 검소하라는 가치관이다.

이렇듯 공자의 기본 관심사는 '사람'이었다. 사람의 '어떠함'이다. 어떤 사람이어야 하는가가 그의 철학이었던 것이다.

이 세상이 있고 거기에 인간이 살고 있고 우리가 바로 그 인간인 한 우리는 이 '어떤'이라는 주제로부터 벗어날 수 없다. 아니 벗어나지 말아야 한다. '어떤'은 우리의 영원한 철학적 주제가 될 수밖에 없다.

공자의 그때 거기서나 우리의 지금 여기서나 '사람됨'과 관련된 이런 주제는 별 인기가 없다. 그 결과는 결국 문제적 인간이다. 사치와 불손은 지금 여기서도 보편적으로 발견된다. 자주 보도되는 소위 '갑질'사건도 그런 부류다. '봉' 취급 받을 만큼 과도한 '명품' 소비를 다시 생각해보게 되는 '선생님 말씀'이다.

단, 우리는 이 말의 해석에서 보완적인 한 걸음을 더 내디딜 수 있다. 공자의 이 말에 다른 의미가 있을 수도 있다는 것이다. 즉 '사奢'와 '검儉'이 물건이나 돈에 대한 어떤 자세 / 태도만이 아니라 사람에 대한, 특히 자기 자신에 대한, 어떤 자세 / 태도일 수도 있다는 것이다. 이렇게 생각하는 근거는? 이 각각의 부작용으로 제시된 '불손不孫'과 '고루固'가 물건이나 돈이 아니라 사람의 어떤 인격적 상태를 묘사하기 때문이다. 후자불손, 고가 그런 거라면 전자사, 검도 같은 종류가 아닐까 하는 추량인 것이다. 만일 이런 추량이 맞다면, 그렇다면 사와 검은 각각 어떤 상태를 가리키는 것일까.

역시 추량이다. '사'는 자기를 마구 꾸미고 헤프게 드러내는 것이다. '검'은 그 반대다. 자기를 전혀 치장하지 않고 잘 드러내지 않는 것이다. 만일 이렇게 해석하는 것이 가능하다면 그 부작용인 불손과 고루도 아주 자연스럽게 연결될 수 있다. 호사스런 사람은 타인을 고려하지 않는다. 자기에게 무게 중심이 있으니 타인에 대해 겸손할 수 없다. 그래서 불손인 것이다. 검박한 사람도 역시 자기중심적인 면이 있다. 자기 틀에 갇혀 자기가 이미 가진 것을 고집스럽게 지키며 만족한다. '다른' 혹은 '더'라는 것에 눈길을 주지 않으며 타인을 별로 의식하지 않는다. 말하자면 융통성이 없는 것이다. 그래서 고루한 것이다.

이게 정답이라고 쉽게 주장할 수는 없다. 그러나 공자가 이런 뜻으로 말했을 가능성이 아주 없지도 않을 것이다. 우리는 2천 수백 년을 거슬러 공자 본인과 진지한 해석학적 대화를 나눠볼 필요가 있다. 불손보다 고루가 차라리 더 나은 것은 어쨌든 틀림없다. 타인에 대한 폐됨의 정도가 아마 기준일 것이다.

46

교만과 인색

● 제8편, 제12장

子曰, "如有周公之才之美, 使驕且吝, 其餘不足觀也已."

자왈, "여유주공지재지미, 사교차린, 기여부족관야이."

"주공周公의 재능과 같은 아름다운 점이 있다 하더라도 교만하고 인색하다면 그 나머지는 볼 것도 없다."

여기서 공자는 교만驕과 인색吝이라는 것을 비판한다. 언급 자체가 이미 비판이다. 사치와 불손을 비판한 「제7편 제38장」의 말奢則不孫, 儉則固. 與其不孫也, 寧固과도 그 취지가 닿아 있다. 교만하고 인색한 사람이라면 그 나머지는 더 이상 볼 것도 없다는 것이다其餘不足觀也已. 역시 사람의 '어떠함사람됨'에 대한 철학적 관심이다. 그의 가치관이다.

이것을 부각시키기 위한 배경효과로 공자는 '주공周公'을 동원한다. 구체적으로는 주공의 재주의 아름다움才之美이다. 주공은 요순우탕문무 등과 더불어 공자가 존경해 마지않는 과거의 이상적 군주다. 그의 그런 재주가 있다 하더라도 교만하고 인색하다면 더 이상 볼 것 없다는 말이다. 표현에서 이미 단호함이 느껴진다. 거의 혐오다.

　교만도 인색도 기본적으로는 '타인'에 대한 태도다. 공자철학의 기본바탕인 '기_己-인_人'의 관계틀 안에 있다. 남에게 그래서는 안 된다는 철학이다. 우리가 인간인 한, 우리의 삶이 타인과의 관계에서 성립되는 한, 사람의 질이 그 관계의 질 내지 삶의 질을 결정하는 한, 우리는 이런 '어떠함'에 무심할 수 없다. 교만과 인색은 '나'만 있고 '남'은 안중에 없다는 태도다. 남_人의 처지와 기분은 전혀 나 / 자기_己의 고려대상이 아닌 것이다.

　이런 말을 들으면서 우리는 자기를 되돌아볼 필요가 있다. 나는 나를 / 남을 어떻게 여기고 있는가. 나는 남을 전혀 고려하지 않고 나만 생각하고 있지는 않은가. 나는 과연 공자의 시선_觀이 머물 수 있는 사람인가.

47

지와 무지, 그 양단을 두드림

● 제9편, 제7장

子曰, "吾有知乎哉? 無知也. 有鄙夫問於我, 空空如也. 我叩
其兩端而竭焉."

자왈, "오유지호재? 무지야. 유비부문어아, 공공여야. 아고기량단이
갈언."

"내가 아는 것이 있는가? 아는 것 없다. 보잘것없는 사람이 내게
(뭔가를) 물어 오는 일이 있어도 (머릿 속이) 텅 빈 것 같다. 나는 단지
그 양단을 두드리고 그걸로 끝낸다."*

의외로 좀 덜 알려진 중요한 발언이다. 반드시 소문나야 할 철
학의 명장면이다. '지知, 아는 것'에 대한 말이다.

자신의 무지無知를 명언하고 있다는 점일종의 '무지의 지'에서 공자가
저 소크라테스와 완전히 닮은꼴 한 통속임을 알 수 있다. '철학의 명
장면'인 까닭이다. "너 자신을 알라gnōthi seauton"는 게 '너의 무지를 알
라'는 취지이기 때문이다.

흥미로운 건 그 무지의 고백 뒤에 두 마디가 더 붙어 있다는 것이다. "어떤 보잘것없는 사람이 내게 묻는 일이 있더라도 나는 막막하다"와 "나는 그저 그 양단을 두드릴 뿐이다"라는 것이다. 전자는 무지의 고백에 대한 보완이다. 자기는 질문에 대한 확고한 답 / 앎을 갖고 있는 사람이 아니란 것이다. '텅 빈 것 같다空空如也'는 게 그런 말이다. (일부 해석과 달리 묻는 저쪽이 아니라 이쪽이 그렇다는 거다) 소크라테스와 완전히 일치한다. 후자는 더 흥미롭다. 자신의 역할이다. '그 양단을 두드린다叩其兩端'는 것이다. 그게 (내가 하는) '전부 다이다而竭焉'라는 것이다.

그런데 '양단을 두드린다'는 건 무슨 말일까. 전후 문맥도 설명도 없어 모호하기 짝이 없다. 구구한 해석들이 있지만 그 어떤 것도 선뜻 고개가 끄덕여지지 않는다. 인터넷상의 풀이들은 말할 것도 없고 대단하다는 주자의 해석고(叩) : 발동(發動), 양단(兩端), 종시(終始), 본말(本末), 상하(上下), 정조(精粗)도 다산의 해석고(叩), 계고(稽考)도 납득하기 어려운 건 마찬가지다. 그렇다면 정답은?

하나의 가능성으로서 이런 풀이 / 읽기가 제시될 수 있다. 즉 여기서 말하는 '양단兩端'은 공자 자신이 바로 앞에서 스스로 말한 바로 '그其' 양단, 그러니까 '지知'와 '무지無知'특히 '뭐든 다 안다'와 '아무것도 모른다'라는 양단을 가리키는 것이고 '두드린다叩'는 (오락에서 마치 튀어오르는 두더지 머리를 망치로 두드려 쳐넣듯) 그것을 제어한다는 뜻이다. 일찍이 없었던 새로운 해석이다. 그렇다면 남는 것은? 공자 스스로 다른 데서 말해준 바 있다. 그렇다. 바로 저 유명한 말 "아는 것을 안다고 하고 모르는 것을 모른다고 하는 것, 바로 그것이 아는 것이다「제2편 제17

^{장」}知之爲知之, 不知爲不知, 是知也"가 그것이다. 이건 묻는 자와 답하는 자 모두에게 해당한다. 자기가 할 수 있는 답은 그걸로 다^{而竭焉}라는 것이다. 일종의 선긋기다. 공자 본인이 이렇게 말하고 있으니까 진짜로 이게 다이다. 그러니 이게 답이다. 더 이상 무슨 해석 / 해설이 필요하겠는가. 시중의 저 어지러울 만큼 다양한 풀이들은 그 자체로 각각 의미가 있겠지만 그건 과도하게 머리 좋은 그들의 생각이지 공자 본인의 이 말뜻과는 거리가 있다.

어떤 사람이 어떤 물음을 물어오든 공자는 정해진 답을 갖고 있지 않다^{無知也}, 텅 빈 것 같다^{空空如也}고 말했다. 그의 겸손이고 그의 덕이다. 물론 일자무식이기야 하겠는가. 당연히 아는 것도 있을 것이다. 그걸 있는 그대로 확인해주는 것이다. 아는 건 안다고 모르는 건 모른다고. 그게 '고기양단^{叩其兩端}'이었다. 참으로 제대로 아는 큰 스승이 아닐 수 없다.

48

미옥은 팔아야지!

● 제9편, 제12장

子貢曰, "有美玉於斯, 韞匵而藏諸? 求善賈而沽諸?" 子曰, "沽之哉! 沽之哉! 我待賈者也."

자공왈, "유미옥어사, 온독이장저? 구선고이고저?" 자왈, "고지재! 고지재! 아대고자야."

자공이 말했다. "여기에 아름다운 옥이 있는데 궤 속에 감추어 간직해야 하겠습니까? 아니면 좋은 상인을 찾아 팔아야 하겠습니까?"……말씀하셨다. "팔아야지! 팔아야지! 나는 값을 쳐주는 이를 기다리고 있다."

제자 자공과의 대화다. 둘의 비유가 흥미롭다. 그 중심에 '미옥 美玉'이 있는데 이걸 간직할 건가韞匵而藏 팔 건가求善賈而沽 하는 것이다. "팔아야지沽之哉"가 공자의 답이다. 같은 답을 두 번 연거푸 하니 강한 긍정이고 강조다.

자공이 의도한 것인지는 애매하지만 이 '미옥'은 공자 본인 내지 공자의 철학으로 해석될 수 있다. 이와 관련해 "자공은 바로 공자 자신의 태도 내지 거취에 대해 직접 질문한 것이라 할 수 있다. 공자의 배움과 수양 전체가 현실적 변혁에 이어지는 것이지 결코 폐쇄적 아카데미즘에 그치는 것이 아님을 보여 주는 것이다"라는 공자학자 이수태의 해석은 정곡을 찌르고 있다.

더 생각해 볼 것은 '좋은 상인을 찾아求善賈'와 '나는 상인을 기다리는 자이다我待賈者也'라는 말이다. 그가 실제로 했던 이른바 '주유열국周遊列國 / 주유철환周遊轍環'도 결국은 바로 이것이었다고 해석될 수 있다. 그를 / 그의 학문 내지 포부를 팔기 위한 과정이었던 셈이다.

알다시피 그의 이 장사는 잘 되지 않았다. 제대로 값을 쳐서 사주는 상인善賈 / 고객賈者이 없었던 것이다. '상갓집개喪家之狗' 소리를 들을 만큼 죽을 고생을 하기도 했다. 단 이 '미옥'은 아직도 진열된 채로다. 그는 아직도 누군가善賈, 賈者가 나타나 사주기를 기다리고 있다. 나라도 좀 팔아줘야겠다. 과연 손님이 있을지는 잘 모르겠지만.

49

한 삼태기 흙으로 산을 쌓고 땅을 고른다

● 제9편, 제18장

子曰, "譬如爲山, 未成一簣, 止, 吾止也. 譬如平地, 雖覆一簣, 進, 吾往也."

자왈, "비여위산, 미성일궤, 지, 오지야. 비여평지, 수복일궤, 진, 오왕야."

"산을 쌓는 데에 비유해서 말하자면 한 삼태기의 흙을 덜 쌓고 그치더라도 나는 (쌓는 데까지 쌓고) 그칠 것이며 땅을 고르는 데에 비유해서 말하자면 비록 한 삼태기의 흙을 덮어서라도 나아감이 있다면 나는 (그걸 하러) 갈 것이다."

이것도 공자의 자기 이야기다. "나는 그칠 것이다吾止也", "나는 갈 것이다吾往也"가 핵심이다. 물론 이 말만 가지고는 무슨 뜻인지 알수가 없다. 문맥을 봐야 한다. 그럼 곧바로 이해된다.

비유다. (흥미로운 건 특급의 철인들이 모두 비유를 즐겨한다는 사실이다. 부처와 예수는 공자보다 더 즐겨한다) 효과를 고려해서인지 대비되는 두 경우를 말하고 있다. 하나는 산을 만드는 것爲山이고 하나는 땅을 고르는 것平地이다. 둘 다 한 삼태기簣의 흙으로 작업을 한다. 미미한 효과다. 하세월이다. 그래도 하겠다는 것이다. 공자의 각오와 자세를 멋지게 보여준다.

'위산爲山'과 '평지平地', 실제로 공자는 그런 일을 시도했다. 산을 쌓으려 했고 땅을 고르려 했다. 부정들을 바로잡고 세상을 바꿔보려 했다. 덕을 쌓고 '위'로 오르려 했다. 그게 각각 '평지'고 '위산'이었다. 그것을 위해 그는 착실히 꾸준히 지치지 않고 포기하지 않고 한 삼태기의 흙을 퍼 나른 것이다. 쌓고成 덮은覆 것이다. 그게 한두 번에 될 일인가. 그럼에도 그는 그치지 않고 나아간 것이다. 실로 호흡이 길다.

천릿길도 한걸음부터! 태산도 티끌모아, 아니 한 삼태기의 흙으로부터! 공자, 멋지지 아니한가! 본인의 능력과 노력은 고려하지 않고 포부만 큰 사람이나 조금 하다가 잘 안 되면 금방 포기하는 그런 부류의 사람들에게 좋은 귀감이 될 말이다.

50

싹 트고 꽃 피고 열매 맺는 것

● 제9편, 제21장

子曰, "苗而不秀者, 有矣夫! 秀而不實者, 有矣夫!"

자왈, "묘이불수자, 유의부! 수이불실자, 유의부!"

"싹 트고도 꽃 피지 못하는 자가 있다. 꽃 피고도 열매 맺지 못하는 자가 있다."

'묘苗' '수秀' '실實', 싹튼다, 꽃핀다, 열매맺는다, 표현이 귀에 쏙 들어온다. 멋진 비유다. 사람에 대한 말이고 사람의 성장 내지 경우에 대한 말이다. 그러나 보다시피 이 말의 의도는 짐작하기 어렵다. 앞뒤 문맥도 잘려 있고 설명도 없기 때문이다. 그래서인지 이 말에 대한 해석들도 가지가지다. '묘이불수자는 항탁項託이고 수이불실자는 안연顔淵이다'는 해석도 있고, '열살의 신동이 반드시 대성하는 건 아니다'는 해석도 있고, '학문이 완성에 이르지 못함이 있으니 군자는 스스로 힘쓰는 걸 귀히 여긴다蓋學而不至於成, 有如比者, 是以君子貴自勉也'는 풀이도 있다. 마지막 주자朱子의 풀이가 상대적으로 좀 그럴듯하다.

분명한 건 우리 인간들에게 실제로 이런 경우가 있으며 공자가 그걸 '예시'해줬다는 것이다. 말하자면 1-2-3단계이다. 일단은 다 긍정적인 면모다. 싹이 트고 꽃이 피고 열매를 맺는 것이다. 1단계까지 가는 사람도 있고 2단계까지 가는 사람도 있고 3단계까지 가는 사람도 있다. 물론 3단계까지 가서 열매를 맺는 것이 가장 좋다. 완성단계다. 그러나 그게 쉬운 일은 아닐 것이다. 그렇다면 2단계, 아니 1단계까지만 가도 의미가 있다. 실제로 있다有矣夫고 공자도 인정하고 있다. 우리가 이런 뜻으로 읽는다면 공자의 이 말은 끝까지 가지 못하는 우리에게 작지 않은 위안이 될 수도 있다. 말 자체가 그러니 이런 해석도 적어도 틀렸다고 할 수는 없을 것이다. (물론 개화나 결실의 단계까지 가지 못하는 사람에 대한 '안타까움-나무람'일 수도 있다. 그 해석의 선택은, 적어도 이 경우는, 우리 자신에게 맡겨져 있다)

51

의지는 빼앗을 수 없다

● 제9편, 제25장

子曰, "三軍可奪帥也, 匹夫不可奪志也."

자왈, "삼군가탈수야, 필부불가탈지야."

"삼군三軍에서 그 장수를 빼앗을 수는 있지만 필부匹夫에게서 그 뜻을 빼앗을 수는 없다."

공자의 표현법은 여러 가지로 좀 특별하다. 북극성, 송백, 바람과 풀 등 비유도 잘 사용하고 인상적인 대비도 잘 사용한다. 이것도 그 중 하나다. '삼군'과 '필부', '가탈'과 '불가탈', 한쪽은 엄청나고 한쪽은 하찮고, 한쪽은 되고 한쪽은 안 된다. 더구나 그 연결은 상식과 반대다. 엄청나서 안 될 것 같은 건 되고 하찮아서 될 것 같은 건 안 된다는 거다. 중요한 건 그 내용이다. 그게 '장수帥'와 '뜻志'이다. 결국 '뜻을 빼앗을 수 없다'는 걸 강조하기 위해 이런 대비를 시키는 것이다. 삼군중군·우군·좌군, 각 12,500명 규모의 장수이니 요즘 같으면 육-해-공군 각군 참모총장을 지휘하는 합참의장 격? 그런 존재를 제거한다는 거니 가당치도 않은 어려운 일이다. 그보다 별것 아닌 필부의 의지를 꺾는 게 더 어렵다는 말이다.

이 말의 핵심은 결국 '뜻寸, 의지 / 하고자 하는 굳은 마음'이다. 이게 있기만 하다면 필부라도 못 뺏는다는 말이니, 사람에게 의지가 그만큼 중요하다는 말이다.

공자는 왜 굳이 이런 말을 했을까. 『의지와 표상으로서의 세계』를 쓴 쇼펜하우어처럼 만유에 깃든 보편적 의지나 혹은 니체처럼 만인에게 깃든 '힘을 향한 의지 Wille zur Macht' 같은 걸 논하려는 철학적 의도는 아닐 것이다. 인간의 의지다. 뭔가를 하겠다는, 이건 꼭 해야겠다는 현실적–구체적–실천적인 그런 의지다. 우리에게는 그런 게 필요하다는 말일 것이다. 어쩌면 그런 게 보이지 않는 현실에 대한 안타까움 내지 개탄의 표현일 수도 있다.

우리도 이 말을 들으며 우리 자신을 점검해봐야겠다. 비록 필부이지만 내 안에 그런 의지가 있는지 없는지. 단, 언뜻 유사해 보이는 '고집'과 이것을 착각하는 것은 주의할 필요가 있다.

52

사람이 다쳤느냐?

● 제10편, 제17장

厩焚. 子退朝, 曰, "傷人乎?" 不問馬.

구분. 자퇴조, 왈, "상인호?" 불문마.

마구간에 불이 났다. 선생님께서 조정에서 돌아와 말씀하셨다. "사람이 다쳤느냐?" 말에 대해서는 묻지 않으셨다.

딱 한 마디다. 이 말에 공자의 사람됨이 드러나 있다.

보다시피 마구간에서 불이 났는데, 조정에서 돌아와 소식을 들은 공자는 제일 먼저 "사람이 다쳤느냐?傷人乎"고 묻는다. 마구간임에도, 그리고 엄청난 고가였음에도 불구하고 말에 대해서는 묻지 않았다. 이 짧은 세 글자는 그가 평소에 '사람人'을 무엇보다 중시 / 우선시했음을 단적으로 보여준다. 그리고 마구간인 만큼 거기 있던 사람은 아마도 미천한 아랫사람이었을 것이다. 그럼에도 그 누군가가 다치지 않았는지를 염려한 것이다. 좀 거창하게 말하자면 이 말은 그가 '인본주의자'였음을 확실히 알려준다. 유명한 '인仁'의 핵심이 '애인愛人' 즉 남 / 사람에 대한 사랑이었는데 그것과도 무관하지 않다. 화재라는 특수한 상황에서 나온 돌발적인 이 말이 그 자신의 인품이기도 한 그런 사랑 즉 인을 분명히 보여주기 때문이다.

2,500년 전 그때나 지금이나 우리가 사는 이 세상은 사람의 세상이다. 그 '사람'이라는 게 과연 어떤 취급을 받고 있는가는 철학적 주제가 아닐 수 없다. 공자의 마구간 화재는 명함도 못 내밀 엄청난 재난들이 우리들의 세상에는 너무나 흔히 발생한다. 당시의 말馬에 해당하는 자동차 사고는 말할 것도 없고 호텔에 불이 나고 백화점이 무너지고 다리가 끊어지고 배가 가라앉고 골목에서 젊은이들이 밀려 넘어져 깔려죽기도 한다. (대연각호텔-삼풍백화점-성수대교-세월호-이태원 사건) 심지어 살인과 전쟁으로 대량살육이 빚어지기도 한다. 그런 모든 장면에서 우리는 마치 환청처럼 공자의 이 말을 듣게 된다. "사람이 다쳤느냐傷人乎?" 놀란 얼굴로 맨 먼저 이 말이 입에서 튀어나올 때 그럴 때 비로소 우리는 인간일 수 있다. 2,500년 전, 서울에서 그다지 멀지도 않은 노나라지금의 산동성(山東省) 일대에 있었던 공자의 집, 그 마구간에서 불이 났던 그날의 이 한 장면이, 놀란 얼굴로 "사람이 다쳤느냐?"고 묻는 공자의 그 표정이, 우리에게 어떤 방향을 가리켜 보여준다. '사람'이 가야 할 방향이다.

『논어』의 편명

『논어』'하론'에서
만나는 공자

북경사범대 교정의 공자상(저자 직촬)

53

선인의 도 발자취를 좇아 방안에 들기

● 제11편, 제21장

子張問善人之道. 子曰 不踐迹, 亦不入於室.

자장문선인지도. 자왈, 불천적, 역불입어실.

자장子張이 선인善人의 도에 대해 묻자……말씀하셨다. "발자취를
좇지 않고는 또한 방안으로 들어가지 못한다."

제자 자장子張의 물음에 대한 공자의 답변이다. 그런데 우선 자
장의 이 물음이 흥미롭다. '선인善人의 도'를 묻는 것이다. '선인'은,
말 그대로 옮기면 '착한 사람'이라는 뜻이지만, 오늘날, 소위 '호구'
취급 당하는, 남한테 싫은 소리 못하고 거절도 못하고 속절없이 이
용당하는, 그런 '착해빠진 사람'과는 어감이 약간 다르다. 역시 말
그대로 옮기면 '좋은 사람'이라는 뜻도 된다. 드라마 <나의 아저씨>
나 일본 소설 『이즈의 춤소녀伊豆の踊子』 등에서 화제가 되는, 나쁜 사
람이 아닌 좋은 사람, 선량한 / 친절한 / 다정한 사람, 그런 의미다.
그런데 『논어』에 5번 등장하는 이 '선인'이란 개념은 그것과도 뭔가

좀 다르다. 맥락을 보면 '성인^{聖人}'은 아니지만 그에 준하는, '유항자 有恒者, 진실된 / 한결같은 사람'보다 좀 높은 단계의, 그런 고매한 인격자를 가리킨다. 그런 의미에서 그냥 '선인'이라고 옮기는 것이 오해의 소지가 적다. '악인'과 대비되는 그런 선인이다.

그런 선인의 도, 즉 마땅히 걸어가야 할 길, 그게 어떤 것인지를 자장은 물은 것이다. 공자의 대답이 '천적^{踐迹}' 즉 발자취를 좇는다는 것이다. 이건 입실^{入於室} 즉 방안에 들어가는 것을 전제로 한 말이다. 천적도 입실도 살짝 수수께끼다. 듣고 곧바로 이해-수긍되지는 않는다. 약간의 해석이 필요한 말이다.

우리는 이 말을 이렇게 풀어본다. 입실의 실은 아마도 '경지'를 지칭할 것이다. 당연히 '선인'의 경지다. 제대로 된^{可, 成} 인간이 다다라야 할 일종의 목표다. '입^入'은 아마도 그런 경지에 실제로 다다르는 것을 지칭할 것이다. 당연히 구체적인 '내'가 그런 선인으로 간주 / 평가되는 사태다.

그렇게 방안에 들어가기 위한 길^道이 곧 '천적^{踐迹}'이라는 것이다. 자취를 밟는 것이다. 이 말은 사실 그다지 어렵고 까다로운 말은 아니다. 뒤따라가 보는 것이다. 누가 누구를? 선인이 되고자 하는 사람이 선인으로 평가되는 사람을 뒤따라가 보는 것이다. '나도 그 사람처럼' 해보는 것이다. 선인처럼 선행을 해보는 것이다. ('선^善'의 본질에 대해서는 별도의 논의가 필요하나 일단, '내생각만 하는 게 아니라 남 생각도 해주는 것'을 기본으로 설정해두자. 공자 본인도 이 '선'에 대해 개념설명을 해주지는 않는다) 그런 훌륭한 삶을 나 자신이 실제로 살아보는 것이다. 알다시피 '천^踐'은 실천^{實踐}의 천이다. '적^迹'은 쉽게 말해 훌륭한 사람이 남긴 모범 / 자취를 가리킨다. 그런 모범 / 자취는 세상에 혹은 역사에 의외로 적지 않다.

멀리 갈 것도 없다. 공자 본인이 일종의 그런 '적迹'이다. 공자 본인에게는 아마도 요순우탕 문무주공 같은 이가 그런 '적'이었을 것이다. 우리에겐들 그런 모범이 없겠는가. 꼭 역사 교과서에 등장하는 유명인이 아니더라도 그런 모범은 없지 않다. 유일한이나 장기려나 김장하나 또 누구누구처럼, 타인에게 '베푼' 삶을 산 분들이 다 그 모범에 해당할 것이다. 그런 분들의 그런 삶을 뒤밟지 않고서 어떻게 선인의 경지에 들어갈 수가 있겠는가. 공자의 이 반어적인 대답不踐迹, 亦不入……(……않고는……못한다)은 '내것'을 나눠줄 각오가 되어 있지 않은 사람들에게 무거운 부담으로 들려온다.

54

인자는 그 말이 무겁다

● 제12편, 제3장

司馬牛問仁. 子曰, 仁者其言也訒. 曰, 其言也訒, 斯謂之仁已
乎? 子曰, 爲之難, 言之得無訒乎?

사마우문인. 자왈, 인자기언야인. 왈, 기언야인, 사위지인이호? 자
왈, 위지난, 언지득무인호?

사마우司馬牛가 어짊에 대해 묻자⋯⋯말씀하셨다. "어진 자는 그
말이 무겁다." 사마우가 말했다. "그 말이 무겁기만 하면 어질다 할
수 있습니까?"⋯⋯말씀하셨다. "그것을 행하기가 어려운데 그것에
대한 말이 무겁지 않을 수 있겠느냐?"

제자 사마우司馬牛, 耕와 공자의 대화다. 보다시피 주제는 인仁과
'말言'이다. 구체적으로는 말의 '인訒', 즉 말이 무거움, 말수가 적음,
과묵 혹은 함부로 말하지 않음이다. 그런 과묵을 공자는 '인仁, 어짊'의
특징 / 조건의 하나로 제시한다. 특이하다. 아마 그런 느낌 때문에
사마우는 다시 물었을 것이다. 그렇기만 하면 어질다 할 수 있나요?

그 질문에 대해 공자는 직답 대신 에둘러 그 과묵의 중요성을 강조한다. 인자라면 과묵하지 않을 수 있겠느냐는 것이다. 흥미로운 것은 그 필연적 근거다. 그게 '위지난爲之難' 즉 그걸 하기가 어렵다는 것이다. '그걸 한다爲之'? 표현이 살짝 애매하다. 그러나 문맥을 보면 알 수 있다. '그것'은 '말言'이다. '한다爲'는 말하기 자체인지 그 말의 내용을 실행하는 것인지 여전히 좀 애매함이 남지만, 문맥을 보면 '실행'으로 읽는 게 더 설득력이 있다. 행하지도 못할 말을 함부로 내뱉을 수도 없으니 말을 참고 삼가고 과묵해질 수밖에 없다는 것이다. 그걸 즉 실행의 어려움을 의식하면 자연히 말수가 적어진다.

그런데 여기서 한 가지 의문이 든다. 그 말言 내지 과묵訥과 '인仁'이 도대체 어떻게 연결되는가 하는 것이다. 어떻게 과묵이 인 / 인자의 특징이 되는가. 공자는 이런 의문에 대해 더 이상 설명이 없다. 우리는 감히 공자에 빙의하여 이런 해석학적 대답을 시도해 볼 수 있다. 즉, 인이라는 게 애당초 무엇인가. '애인愛人' 즉 사람 / 남을 사랑하는 것이고 '서恕' 즉 상대 / 남과 같은 마음이 되어주는 것이다. 말이란 그 상대방과 연결되는 것이다. 그 말은 하기에 따라 상대방에게 실망이나 상처를 줄 수도 있다. 삼가지 않고 쉽게 함부로 내뱉는 말이 대개 그렇다. 좋은 말도 스스로 실행하기는 정말 쉽지 않다. 그러니 일단 참고 삼가고 조심하는 것이 다른 사람 / 남에게 실망이나 상처를 주지 않는 일차적 조건이 된다. 그래서 남을 사랑하는 인자는 말수가 적고 과묵해지는 것이다. 남을 의식하고 배려하는 것, 그게 인자이기 때문이다. 이게 대답이다. 인仁, 어짊과 인訥, 말 무거움은 그렇게 연결이 된다.

사람도 관계도 말도 그 근본은 2,500년 지난 지금이나 공자 당시나 전혀 변함이 없다. 그러니 공자의 이 말도 여전히 유효하다. 상대방을 고려 / 배려함이 없이, 남이 실망을 하거나 상처를 입거나 아무 상관없이, 앞뒤 생각도 없이 말을 함부로 내뱉는 사람이 우글거리고 행세하는 세상이니 공자의 이런 철학은 오늘날 더더욱 필요한 가치가 아닐 수 없다. 인자는 과묵하다.

55

근심과 두려움

● 제12편, 제4장

司馬牛問君子. 子曰, "君子不憂不懼." 曰, "不憂不懼, 斯謂
之君子已乎?" 子曰, "內省不疚, 夫何憂何懼?"

사마우문군자. 자왈, "군자불우불구." 왈, "불우불구, 사위지군자이
호?" 자왈, "내성불구, 부하우하구?"

사마우司馬牛가 군자에 대해 묻자……말씀하셨다. "군자는 근심하
지 않고 두려워하지 않는다." 사마우가 말했다. "근심하지 않고 두
려워하지만 않으면 군자라 할 수 있겠습니까?"……말씀하셨다. "안
으로 살펴보아 마음에 걸리는 게 없는데 무릇 무엇을 근심하고 무
엇을 두려워하겠느냐?"

제자 사마우司馬牛와 공자의 대화다. 주제는 '군자君子'다. 훌륭한
인격자란 어떤 사람인가 하는 것이다. 공자는 '불우불구不憂不懼, 근심하
지 않고 두려워하지 않음'를 대답으로 제시했다. 그것만 있으면 군자라 할 수
있습니까? 하고 사마우가 다시 묻자 공자는 보완설명을 한다. 그게

'내성불구^{內省不疚}'다. 이게 군자가 불우불구 하는 근거라는 말이 된다.

그러면 '내성불구'는 어떤 것인가. '안으로 살펴보아 마음에 걸리는 게 없다'는 거다. 스스로 떳떳하다는 뜻이다. 사람들은 보통 마음에 걸리는 게 있다. 아니 많다. 스스로 떳떳하지 못하다. 우리 자신 내면을 돌아보면 대부분 짚이는 게 있을 것이다. 그게 근심과 두려움의 근원이 된다. 세속적 욕망과 그로 인한 번뇌가 대부분 그런 부류다. 그것 때문에 내가 탈나거나 남을 탈내거나 한다.(후자의 경우, '불우불구'는 '근심을 끼치지 않고 두렵게 하지 않는다'고 해석될 수도 있다 「제9편 제29장」 子曰 知者不惑, 仁者不憂, 勇者不懼) 심할 경우 사건이 되고 망하기도 한다. 세상사가 대략 그렇다.

그런 사람은 아직 군자가 못 된다는 시사이기도 하다. 공자는 '나의 근심^{吾憂}'을 말한 적이 있으니「제7편 제3장」 아직 군자가 아니라는 말일까? 누구나 그를 군자의 표상으로 여기지만 그는 자신에게 점수가 짜다. 그렇게 자신에게 엄격한 것도 군자의 한 모습일지 모르겠다.

56

정치의 우선순위 신뢰 ▶ 식량 ▶ 군사

● 제12편, 제7장

子貢問政. 子曰, "足食, 足兵, 民信之矣." 子貢曰, "必不得
已而去, 於斯三者何先?" 曰, "去兵." 子貢曰, "必不得已而去,
於斯二者何先?" 曰, "去食. 自古皆有死, 民無信不立."

자공문정. 자왈, "족식, 족병, 민신지의." 자공왈, "필부득이이거, 어
사삼자하선?" 왈, "거병." 자공왈, "필부득이이거, 어사이자하선?" 왈,
"거식. 자고개유사, 민무신불립."

자공子貢이 정치에 관해 묻자⋯⋯말씀하셨다. "양식을 풍족하게 하
고 군사를 든든히 하며 백성이 정치를 신뢰하도록 하는 것이다." 자
공이 말했다. "부득이 한 가지를 꼭 버려야 한다면 이 셋 중에서 어느
것을 먼저 버려야 합니까?"⋯⋯말씀하셨다. "군사를 버려라." 자공이
말했다. "부득이 또 한 가지를 꼭 버려야 한다면 나머지 둘 중에서 어
느 것을 먼저 버려야 합니까?"⋯⋯말씀하셨다. "식량을 버려라. 자고
로 사람은 다 죽게 마련이지만 백성이 신뢰하지 않으면 (정치가 아예)
존립할 수 없다."

정치에 관한 대화다. 알다시피 '정치政'는 공자의 최대 관심사 중 하나였다. 논어 전편에 이 글자가 무려 40번 이상이나 등장한다. 여기서 공자는 그 핵심으로 세 가지를 제시한다. '족식足食' '족병足兵' '민신지民信之', 말하자면 민생, 국방, 민심이다. 자공이 짓궂게도 그 우선순위를 물어본다. 공자는 굳이 피하지 않는다. 그게 1민심 2민생 3국방이다. 물론 어느 하나 안 중요한 게 있겠는가. '그래도 꼭必不得已而'이라고 한다면 마지막까지 지켜야 할 게 정치에 대한 '백성의 신뢰民信之'라는 것이다.

이런 선택의 근거가 흥미롭다. 공자는 그게 '정치의 존재이유不立'라고 했다. 그게 백성의 목숨과 직결되는 민생-국방보다 '더' 중요하다는 인식이다. 그의 중요한 가치관이고 정치관이다.

공자 때도 아마 그랬겠지만 지금도 정치에 대한 국민의 신뢰는 바닥을 긴다. 선거 때마다 정치인들은 믿을 수 없는 '공약空約'을 남발한다. 그 헛됨이 확인되면 믿음은커녕 기대조차도 사라진다. '민신지', 정치에 종사하는 사람들이 긴장하며 들어야할 금과옥조가 아닐 수 없다. 세상에는 이것과 정확히 반대되는 나라도 있다는 것을 우리는 잘 알고 있다. ① 군사 ② 식량 ③ 민심이다. 아니 ②와 ③은 아예 안중에도 없다.

57

송사, 없는 것이 최선

● 제12편, 제14장

子曰, "聽訟吾猶人也. 必也使無訟乎!"

자왈, "청송오유인야. 필야사무송호!"

"송사를 듣고 판단하는 것은 나도 남만큼은 한다. (하지만) 반드시 송사가 없도록 해야 할 것이다."

이 말의 핵심주제는 '송사訟'다. 공자의 입에서 송사에 관한 말을 듣는 것은 뜻밖이다. 「제5편 제26장」에 "다 되었나보다! 나는 능히 자신의 잘못을 보아 속으로 스스로와 쟁송할 수 있는 자를 보지 못하였다已矣乎, 吾未見能見其過而內自訟者也"라는 말이 있지만 그건 '자기탓하기'로서 이것과는 그 문맥이 사뭇 다르다. 여기 이 말은 현재의 우리에게도 너무나 익숙한 그 법정다툼으로서의 소송 / 송사이다.

물론 뜨끈뜨끈한 이기적 욕망들로 얽혀 돌아가는 곳이 인간세상이니 그건 서로 부딪치기 마련일 것이고 언제든 어디서든 송사도 당연히 일어날 것이다. 우리는 고대의 유대에서 벌어진 솔로몬의

재판도 그리고 고대의 아테네에서 벌어진 소크라테스의 재판도 들어 알고 있다. 그러니 고대의 중국이라고 송사가 없었겠는가. 공자의 이 말도 그것이 일반적이었음을 확인해준다.

흥미로운 것은 공자 본인이 그 송사에 대해 무지 / 무능하지 않았음을 스스로 언급하고 있다는 것이다. '송사를 듣는 것聽訟, 사리판단'에 대해서는 자기도 '남만큼은 한다吾猶人也'고 자부한다. 그런데 공자의 인품을 감안할 때 이게 한낱 자랑질일 리는 없다. 공자는 그런 '유인猶人, 남 못지않음'에 가치를 부여하지 않는다. 송사를 잘 처리하는 게 중요하지만 그게 절대 능사는 아닌 것이다.

중요한 것은 그 '송사 자체가 없어야 한다無訟'는 말이다. 그것도 '반드시必也'라고 강조된다. 이건 물론 간단한 문제가 아니다. 그러나 그런 방향으로의 노력은 필요하고 의미있고 가치있는 일이다. 그런 노력을 공자는 '……도록 해야 한다使……乎'고 표현한다.

오늘날의 법조인들 특히 넘쳐나는 변호사들이 들으면 반감을 느끼게 될까? 만일 정말로 그렇다면 그는 진정한 법조인이라고 할 수 없을 것이다. 일감이 없어 다른 일자리를 찾으며 환희를 느끼는 변호사도 없지 않을 것이다. 그런 분들을 공자는 학수고대하고 있을지도 모르겠다. 애당초 사람들이 소송을 일으킬 일이 없도록 사람을 어질게 만들고 세상을 의롭게 만들고 그렇게 바로잡고正 바꾸는易 노력을 함께 하다보면 공자의 이 말이 현실이 되는 수도 있을 것이다.

황당한 말일까? 불가능한 꿈일까? 그렇지도 않다. 실제로 우리가 살고 있는 이 세상을 보더라도 한평생 법정 근처에도 가보지

못한^{無訟} 사람들이 실은 대다수이다. 그런 선량한 사람들이 공자의
이 한 마디에 박수를 치며 힘을 보태줄 게 틀림없다. 공자는 절대 외
롭지 않다.

58

도둑 걱정

● 제12편, 제19장

季康子患盜, 問於孔子. 孔子對曰, "苟子之不欲, 雖賞之不竊."
계강자환도, 문어공자. 공자대왈, "구자지불욕, 수상지부절."

계강자季康子가 도둑을 걱정하여 공자에게 묻자 공자께서 대답하
셨다. "단지 당신께서 욕심 부리지만 않는다면 설혹 상을 준다 하
더라도 훔치지 않을 것입니다."

당시 노나라의 실권자였던 계강자季康子와 공자의 대화다. 대화
의 표면상 주제는 '도둑盜'이다. 범죄의 문제다. 그런데 공자의 제언
이 특이하다. '당신께서 욕심 부리지 않는 것子之不欲' 즉 지도자의 청
렴, 일종의 솔선수범이다. 이런 가치관은「제12편 제18장」政者 正也. 子帥以正, 熟
敢不正? 등 『논어』 곳곳에 널려 있다.

'당신께서 욕심 부리지만 않는다면 설혹 상을 준다 하더라도
훔치지 않을 것子之不欲, 雖賞之不竊'이라는 말은 모범을 보이라는 말이다.
이 해결책에 계강자가 어떤 반응을 보였는지는 확인되지 않는다.

아마 좋은 표정은 아니었을 것이다.

그러나 설마하니 '설혹 상을 준다 하더라도 훔치지 않기'야 하겠는가. 그건 도둑을 너무 얕잡아 보거나 너무 과대평가하는 거다. 지도자가 아무리 모범을 보인들 훔칠 도둑은 훔친다. 애당초 나쁜 놈소시오패스 / 사이코패스도 없지 않다.

그러나 설마하니 공자가 그것도 모를 만큼 순진하기야 하겠는가. 단, 적어도 상당 부분 그 솔선수범의 효과가 없진 않을 것이다. 그는 그걸 기대하고 이런 말을 하는 것이다. 그것만 해도 그 정치적 의미는 작지 않다. 그것만 해도 피해를 벗어나는 백성의 입장에서는 엄청난 성과다. 그러니 공자의 이런 말은 지금도 유효하다.

그래서 우리는 지금 여기서 우리의 정치 지도자들에게 공자의 이 말을 되풀이하기로 하자. "단지 당신께서 욕심 부리지만 않는다면 설혹 상을 준다 하더라도 훔치지 않을 것입니다." 그들이 천문학적인 비자금만 챙기지 않아도, 혹은 소위 포퓰리즘으로 피같은 세금을 엉뚱한 곳에 빼돌려 나눠먹기만 하지 않아도, 국민의 입장에서는 그게 어딘가. 상당수의 공적인 도둑이 줄어들 수는 있을 것이다.

59

군자와 소인, 바람과 풀

● 제12편, 제20장

季康子問政於孔子曰，"如殺無道，以就有道，何如?" 孔子對曰，"子爲政，焉用殺? 子欲善而民善矣. 君子之德風，小人之德草. 草上之風，必偃."

계강자문정어공자왈, "여살무도, 이취유도, 하여?" 공자대왈, "자위정, 언용살? 자욕선이민선의. 군자지덕풍, 소인지덕초. 초상지풍, 필언."

계강자가 공자께 정치에 대해 물었다. "만약 무도無道한 자를 죽여 백성들로 하여금 유도有道한 데로 나아가게 한다면 어떻겠습니까?"……대답하셨다. "당신이 정치를 하신다면서 어떻게 죽이는 방법을 쓰십니까? 당신이 선하고자 하면 백성들도 선해집니다. 군자의 덕은 바람이고 소인의 덕은 풀이라서 풀 위로 바람이 불면 풀은 반드시 눕게 됩니다."

연달아 이런 말이 나온다. 정치 이야기다. '당신이 선하고자 하

면 백성들도 선해집니다子欲善而民善矣'라는 게 핵심이다. 공자의 소신
이 확고했다는 방증이다. 솔선수범이다. 무엇의? '선善'이다. 누구에
대한 누구의? 백성에 대한 지도자의 모범이다. 소인에 대한 군자의
모범이다. 그 목표는 '유도有道' 즉 정의로운 상태 / 세상이다. 솔선수
범과 따름을 바람과 풀의 관계로 비유한 것은 좀 멋있다. (풀이) '반
드시 눕는다'에서 '반드시必'라는 말은 공자의 간절한 기대 내지 확
고한 소신의 일단을 보여준다. 이런 게 공자 식 정치다.

특히 주목을 끄는 것은 '정치와 죽이기殺'라는 주제다. '무도無道'
즉 부정의라는 문제를 해결하기 위해 '무도한 자를 다 죽여버리는
것殺無道'은 어떻겠느냐는 것이다. 물론 목표는 유도한 (정의로운) 세
상을 만들기 위해서以就有道다. 공자는 그 방법을 반대한 것이다. 정치
는 죽이는 게 아니다子爲政, 焉用殺라는 것이다. 재미삼아 좀 과장하자
면 공자는 저 간디의 소위 '비폭력주의ahimsa'를 2천수백 년 앞서 내
세운 선구자였던 셈이다. 그리고 그 대안으로 '선善'의 솔선수범을
즉 도덕정치「제2편 제1장」爲政以德……를 제시한 것이다.

지금도 세계의 정치지도자들이 정의를 빙자해 정적들을 마구
죽인다. 심지어 학살도 감행한다. 이런 자들이 있는 한 우리는 공자
의 이 말을 버릴 수가 없다.

60

경지에 이르렀다 함은

● 제12편, 제21장

子張問, "士何如斯可謂之達矣?" 子曰, "何哉, 爾所謂達者?" 子張對曰, "在邦必聞, 在家必聞." 子曰, "是聞也, 非達也. 夫達也者, 質直而好義, 察言而觀色, 慮以下人. 在邦必達, 在家必達. 夫聞也者, 色取仁而行違, 居之不疑. 在邦必聞, 在家必聞."

자장문, "사하여사가위지달의?" 자왈, "하재, 이소위달자?" 자장대왈, "재방필문, 재가필문." 자왈, "시문야, 비달야. 부달야자, 질직이호의, 찰언이관색, 려이하인. 재방필달, 재가필달. 부문야자, 색취인이행위, 거지불의. 재방필문, 재가필문."

자장子張이 물었다. "선비는 어떻게 해야 경지에 이르렀다 할 수 있겠습니까?"……말씀하셨다. "네가 경지에 이르렀다 하는 것이 무엇이냐?" 자장이 대답했다. "나라에서도 반드시 이름이 나고 대부의 가문家에서도 반드시 이름이 나는 것입니다."……말씀하셨다. "그것은 이름이 나는 것이지 경지에 이른 것이 아니다. 실로 경지에 이르렀다는 것은 성품이 곧고 의를 좋아하며 말을 헤아리고 표정을 살피는가 하면 깊이 생각해서 사람을 다루니 그렇게만 하면 나라에 있어서도 반드시 경지에 이르고 대부의 가문家에 있어서도 반드시 경지에 이를 것이다. 그러나 이름이 난다는 것은 겉으로는 어진 모습을 취하나 행동은 그와 어긋나게 하며 그런 식으로 사는 데에 아무런 회의도 갖지 않는 것이니 그렇게 하면 나라에 있어서도 필경 이름은 나고 대부의 가문家에 있어서도 필경 이름은 나게 될 것이다."

제자 자장과 공자의 대화다. 제법 길다. 그러나 그 말의 내용은 비교적 간명하다. 선비士가 '경지에 이르렀다達'고 하는 게 어떤 것이냐는 질문이다. 자장은 '이름이 나는 것聞'을 그 기준으로 이해하고 있다. 공자는 그것을 부인한다. 그 둘'경지에 이름'과 '이름이 남'은 서로 다르다는 것이다是聞也, 非達也. 그리고 그 각각에 대해 의견을 피력한다.

'경지에 이름達'은 "성품이 곧고 의를 좋아하며 말을 헤아리고 표정을 살피는가 하면 깊이 생각해서 사람을 다루는 것質直而好義, 察言而觀色, 慮以下人"이다.

'이름이 남聞'은 "겉으로는 어진 모습을 취하나 행동은 그와 어긋나게 하며 그런 식으로 사는 데에 아무런 회의도 갖지 않는 것色取仁而行違, 居之不疑"이다.

가치 / 반가치에 대한 공자의 생각이 선명히 드러난다.

'이만하면 선비士다'라고 할 수 있으려면 '질직質直', '호의好義', '찰언察言', '관색觀色', '려이하인慮以下人', 즉 '성품이 올곧다', '의를 좋아한다', '말을 헤아린다', '표정을 살핀다', '깊이 생각해서 사람을 다룬다' 같은 조건을 충족시켜야 한다는 것이다. 만만치가 않다. 우리의 현실을 돌아보면 그게 얼마나 드문지를 쉽게 확인할 수 있다. 성품이 올곧다? 삐딱하거나 뒤틀린 사람이 너무 많다. 의를 좋아한다? 말로는 의를 내세우지만 실제로는 좋아하지 않는다. '정의'? 그딴 돈 안 되는 거 너나 하세요 그게 속마음이고 실상이다. 말을 헤아린다? 아무 말이나 함부로 막 내뱉는다. 표정을 살핀다? 다른 사람의 사정이나 기분은 안중에 없다. 깊이 생각해서 사람을 다룬다? 고려도 없고 배려도 없다. 오직 자기 생각밖에 없다. 기껏해야 패거리의 이익밖에 고려하지 않는다. 선비라고? 학자 / 지식인이라고 다를 바 없다.

'이름난 유명인'이라는 것도 우리의 실상을 살펴보면 역시 그 정체가 곧바로 확인된다. '겉모습'과 '실제 행동'이 어긋난다. 별개다. 각각 따로 논다. 더구나 자신의 그런 모습에 아무런 회의가 없다. 그런 사례들을 우리는 언론 보도를 통해 너무나 많이 듣고 있고 보고 있다.

이런 지적 내지 설명을 보면 우리는 공자에게 탄복하지 않을 수가 없다. 도대체 이런 핵심을 그는 어떻게 짚어냈을까? 이런 사이비 / 표리부동 / 이중인격 / 뻔뻔함을 그는 어떻게 간파했을까? 공자를 신문사 주필이나 방송사 EP로 모시고 싶다.

61

자기를 다스리는 것

● 제12편, 제22장

樊遲從遊於舞雩之下, 曰, "敢問崇德, 脩慝, 辨惑." 子曰, "善哉問! 先事後得, 非崇德與? 攻其惡, 無攻人之惡, 非脩慝與? 一朝之忿, 忘其身以及其親, 非惑與?"

번지종유어무우지하, 왈, "감문숭덕, 수특, 변혹." 자왈, "선재문! 선사후득, 비숭덕여? 공기악, 무공인지악, 비수특여? 일조지분, 망기신이급기친, 비혹여?"

번지樊遲가 선생님을 따라 무우舞雩 아래에서 거닐며 말했다. "감히 덕을 숭상하는 것과 못된 마음을 다스리는 것, 미혹됨을 판별하는 것에 대해 묻고자 합니다."……말씀하셨다. "좋은 질문이다. 일하는 것은 (내가) 먼저 하고 그 결과획득은 (내가) 나중으로 하는 것이 덕을 숭상하는 것이 아니겠느냐? 자신의 나쁜 점을 공박하고 남의 나쁜 점을 공박하지 않는 것이 못된 마음을 다스리는 것이 아니겠느냐? 일순간의 분함 때문에 자기 일신을 잊고 부모에게까지 화를 미치는 것이 미혹됨이 아니겠느냐?"*

제자 번지樊遲와 공자의 대화다. 무우舞雩, 기우제를 지내는 제단 아래에서 거닐며從遊 질문한 거니 저 아리스토텔레스와 그 제자들페리파토스(산책길)학파의 '페리파테인소요 / 거닒'을 연상시킨다.

세 가지를 질문하고 답한다. 숭덕崇德, 덕을 숭상하는 것, 수특脩慝, 못된 마음을 다스리는 것, 변혹辨惑, 미혹됨을 판별하는 것이다. "좋은 질문善哉問!"이라고 공자는 칭찬한다. 하버드 등 미국대학에서 교수들이 흔히 보이는 반응good question!과 똑같다. 흥미롭다.

'숭덕'에 대한 답이 "일하는 것은 (내가) 먼저 하고 그 결과획득은 (내가) 나중으로 하는 것先事後得"이고, '수특'에 대한 답이 "자신의 나쁜 점을 공박하고 남의 나쁜 점을 공박하지 않는 것攻其惡, 無攻人之惡"이고, '변혹'에 대한 답이 "일순간의 분함 때문에 자기 일신을 잊고 부모에게까지 화를 미치는 것"이다. 각각 지극히 구체적이다. 굳이 설명이 필요 없을 만큼 곧바로 이해된다. 이 말을 뒤집어 보면 이 말의 취지가 가슴을 때린다. 사람들은 보통 일은 남에게 시키고 성과는 자기가 먼저 탐한다. 자신의 나쁜 점엔 눈을 감고 남의 나쁜 점은 눈에 불을 켜고 공격한다. 욱하며 순간의 분을 참지 못하고 사건을 일으켜 신세를 망치고 부모에게도 화를 미친다. 공자는 그 반대를 말한다. 각각의 결과를 머릿속에 그려볼 일이다. 참으로 명답이 아닐 수 없다. '자기를 다스리는 것'이 결국은 그 핵심이다.

'선사후득先事後得'은 흔히 일 그 자체事를 우선시하고 그 일의 성과得는 후순위로 생각한다고 풀이되는데, 이게 '덕을 숭상함崇德'에 대한 설명이라기엔 뭔가 논리적 연결성이 없다. 공자의 기본사고가 '기己'와 '인人'을 기축으로 가치를 생각하는 것인 만큼「제12편 제10장」主忠

信, 徒義, 崇德也 참조 '사'와 '득'의 '선'과 '후'는 역시 '기'와 '인'의 선후로 읽는 것이 합당할 것이다. 즉 다른 사람보다 (내가) 먼저 (내가) 나중이라는 것이다. 현실을 보면 대개 일은 남에게 먼저 시키고 성과는 자기가 먼저 탐한다. 부덕한 짓이다. 해석학에 기초한 독자적인 신해석이다.

62

친구에 대한 태도

● 제12편, 제24장

子貢問友. 子曰, "忠告而善道之, 不可則止, 毋自辱焉."

자공문우. 자왈, "충고이선도지, 불가즉지, 무자욕언."

자공이 벗하기에 대해 물었다.……말씀하셨다. "충고해서 잘 이끌되 안 될 것 같으면 그쳐서 스스로 욕되지는 말 것이다."

일반에게 널리 알려진 말은 아니나 '친구友'를 주제로 한 대화인 만큼 우리의 주목을 끈다. 2,500년이 지났지만 지금 우리에게도 문제가 안 될 수 없기 때문이다. 인생의 한 불가결한 관심사다.

공자의 발언에서 '우友'는 주로 동사로 사용된다.「제1편 제8장」'무우불여기자無友不如己者……' 등 벗하기 즉 친구에게 어떻게 대해야 할 것인가를 자공이 공자에게 물은 것이다. 공자의 대답이 흥미롭다. 세 마디다. ① 충고하고 선도하라忠告而善道之. ② 안 되면 그만두라不可則止. ③ 스스로 욕되지 마라毋自辱焉.

① 우선은 '충고'와 '선도'다. 이 말은 현대 한국어에서도 그대로 사용되고 그대로 이해된다. 진심으로 말해주는 것이고 좋은 방향으로 이끄는 것이다. 굳이 철학적으로 언어분석을 하자면 공자의 이 말은 친구의 '부정적인 면'을 전제로 하고 있다. 그런 건 누구에게나 당연히 있을 것이다. 완벽하게 좋기만 한 인간은 세상에 없다. 어떤 친구라도 당연히 그런 안 좋은 면이 있을 것이다. 내게 잘하고 내가 좋아하는 친구라도 마찬가지다. 그런 경우에 '친구라면 어떻게 할 것인가'가 문제가 되는 것이다. 그냥 눈감지 말고 입다물지 말라는 것이다. 충고하고 선도하라는 것이다. 그게 친구의 자세요 태도요 도리라는 것이다. '너 이러이러한 게 있어, 그거 안 좋아, 한번 생각해보는 게 좋겠어, 고치는 게 좋겠어' 하고 말해주라는 것이다. 그게 충고요 선도다. 쉽지 않지만, 친구가 싫어할 수 있지만, 그래도 하라는 것이다. 그게 '친구하기'의 바람직한 방식이라는 것이다.

② 그러면 그 친구의 반응은 어떨까. 긍정적이거나 부정적일 것이다. 그 충고와 선도를 듣는 경우도 있고 안 듣는 경우도 있을 것이다. 고마워할 수도 있고 고까워할 수도 있을 것이다. 공자는 그 후자의 경우도 이미 미루어 짐작하고 있다. 그럴 경우라면 즉 말을 안 듣는 / 안 되는 경우不可라면 그만두라는 것이다. 그건 충고와 선도를 그만두라는 뜻일 수도 있고 그 친구관계를 그만두라는 말일 수도 있다. 말이 짧은 만큼 해석의 여지는 넓다. 편한대로 해석하면 된다.

친구에 대한 태도 157

③ 거기에 공자는 한마디를 더 보탠다. '스스로 욕되지는 마라[#]自辱焉'는 것이다. 무슨 뜻인지 좀 애매하다. 약간의 해석이 필요하다. 아마도 충고와 선도가 안 먹히는데도 그것을 계속하거나 그와의 교우관계를 지속하는 것이 '자욕自辱' 즉 스스로 욕된 일이라는 말일 것이다. 그러니 그러지 말라는 것이다. 이런 해석이 아마 맞을 것이다. 남들이 보면 '뭐 저런 놈이랑 같이 놀아, 같은 부류겠지' 하는 식으로 보일 것이다. 그게 스스로 욕된 상태가 아니고 무엇이겠는가. 그런 상태를 지속하는 것은 자기 자신을 욕되게 하는 일이기도 하다. 몇 글자 안 되는 말에서 이런 것까지 언급하고 있으니 공자는 참으로 날카로운 사람이 아닐 수 없다. 인간에 대한 이해가 참으로 놀랍다. 지금 우리는 어떤 친구와 사귀고 있을까. 그 친구를 어떻게 대하고 있을까. 충고와 선도를 하고 있을까? 공자의 이 말은 지금 우리의 친구관계를 돌아보게 한다.

63

정치의 세 가지 요체 실무, 관용, 인사

● 제13편, 제2장

仲弓爲季氏宰, 問政. 子曰, "先有司, 赦小過, 擧賢才." 曰, "焉知賢才而擧之?" 曰, "擧爾所知. 爾所不知, 人其舍諸?"

중궁위계씨재, 문정. 자왈, "선유사, 사소과, 거현재." 왈, "언지현재이거지?" 왈, "거이소지. 이소부지, 인기사저?"

중궁仲弓이 계씨季氏의 가재家宰가 되어 정치에 대해 묻자……말씀하셨다. "실무자를 우선시하고 작은 잘못은 용서하고 훌륭한 인재를 등용하여라." (중궁이) 말했다. "훌륭한 인재인지를 어떻게 알고 등용합니까?"……말씀하셨다. "네가 아는 사람을 등용하여라. 네가 알지 못하는 사람이라 해도 다른 사람들이 그를 내버려두겠느냐?"

보다시피 '정치'가 주제다. 중궁仲弓 = 염옹(冉雍)의 질문에 대해 공자는 '선유사先有司, 사소과赦小過, 거현재擧賢才' 세 마디를 대답으로 제시한다. 실무자를 우선시하라, 작은 잘못은 용서하라, 훌륭한 인재를 등용하라. 이 셋이다. 하나씩 짚어보자.

① '선유사先有司'는 그 의미가 좀 불분명하고 이견들이 있다. 해석이 사람마다 다 제각각이다. '유사有司'는 일단 사무를 담당하는 직무, 내지 그 담당관 즉 관리를 가리킨다. 그걸 '먼저 하라先'는 것이다. 거두절미한 말이라 애매 / 모호 / 막연하기가 짝이 없다. 그러나 그게 '우선순위' 내지 '중시'를 의미한다는 건 공자의 다른 발언들로 미루어 짐작해도 분명해 보인다.「제2편 제13장」先行其言而後從之;「제6편 제22장」仁者先難而後獲;「제11편 제1장」先進於禮樂, 野人也; 後進於禮樂, 君子也. 如用之, 則吾從先進;「제12편 제21장」先事後得, 非崇德與? 등 우리는 일단 말 그대로 해석하여 '실무자를 우선시하라'라고 풀이한다. 그게 무난하고 의미 있기 때문이다. 정치란 두말 할 것도 없이 나라를 경영하는 일이다. 온갖 사무들이 있을 수밖에 없다. 그 각각의 사무는 그것을 담당하는 실무자가 있기 마련이다. 그보다 그 일을 더 잘 알고 더 잘 할 수 있는 정치가는 드물다. 그러니 일단 그 실무자를 중시하라는 말이다. '우선으로 하라先'는 이 애매모호한 말은 우리 각자가 그 구체적인 의미를 찾지 않으면 안 된다. 그게 정하라는 뜻인지, 맡기라는 뜻인지, 의견을 들으라는 것인지 그 결정은 하나의 과제로 우리에게 맡겨져 있다.

② '사소과赦小過'는 들으면 바로 이해된다. '작은 잘못은 용서하라'는 말이다. 일종의 관용이다. 작은 잘못은 누구나 저지를 수 있다. 그건 관리일 수도 있고 백성일 수도 있다. 그런 걸 일일이 문제 삼다간 일이 돌아가지 않게 될 수도 있다. 작은

실수를 문제 삼아 관리를 질책하면 그의 다른 능력이 묻혀 버릴 수도 있다. 그러니 사소한 과실이라면 '사赦' 즉 용서하고 봐주라는 것이다. 정치란 작은 실수보다 근본 내지 기본이 잘 돌아가는 게 정작 중요하다는 뜻으로 이 말을 들을 수도 있다.

③ '거현재擧賢才'도 곧바로 이해된다. '훌륭한 인재를 등용하라'는 말이다. 정치에서는 아무리 강조해도 지나침이 없을 금과옥조요 진리다. 알파요 오메가라 해도 과언이 아니다. 어떤 훌륭한 정치 지도자도 혼자서 모든 일을 다 잘할 수는 없다. 훌륭한 인재의 등용은 그 정치의 성패를 좌우하는 핵심 요소다. 이를테면 세종은 장영실을 등용했고 정조는 정약용을 등용했다. 그런 게 정치인 것이다. '인사가 만사'라는 말도 공자의 이 '거현재'와 무관할 수 없다. 공자는 정말이지 보통 인물이 아니다.

"훌륭한 인재인지를 어떻게 알고 등용합니까?"라는 질문에 대한 마지막 말, "네가 아는 사람을 등용하여라. 네가 알지 못하는 사람이라 해도 다른 사람들이 그를 내버려두겠느냐?"는 덤이다. 정치에서 보편적인 '제사람 쓰기'는 절대 악이 아니다. 단, 그의 능력이 관건이다.

64

지식과 실무능력

● 제13편, 제5장

子曰, "誦詩三百, 授之以政, 不達, 使於四方, 不能專對, 雖
多, 亦奚以爲?"

자왈, "송시삼백, 수지이정, 부달, 사어사방, 불능전대, 수다, 역해이위?"

"시 삼백 편을 다 외우고도 그에게 정사를 맡겼을 때 능숙하지
못하고 각국에 사신으로 나가 제대로 잘 대응하지 못한다면 비록
많이 외웠다한들 무슨 소용이 있겠느냐?"

일견 평범해 보이지만 공자의 시선이 어느 쪽을 향하고 있는
지 그의 가치관이 어떤 것인지 잘 보여주는 단편이다. 핵심은 '정政'
과 '사使', 요즘 식을 말하자면 정치와 외교다. 정외과 학생들은 반가
울 것이다. 그런데 더 핵심은 '달達'과 '능전대能專對', 즉 능숙하고 전
문적으로 잘 대응해내는 것이다. 말하자면 지식의 자기화와 실무능
력이다.

바로 이 점을 강조하고 부각시키기 위해 공자는 좀 애꿎게도

'송시誦詩, 시를 줄줄 외워 읊는 것. 일종의 '학식''를 동원하고 비판한다. 비판까지는 아닌가? 회의 정도일지도 모르겠다. 시 300편 그걸 다 외우더라도, 아무리 많이 알더라도, 그것을 제대로 이해해 자기 것으로 삼고 정작 중요한 실무를 잘 처리해내지 못한다면 그깟 지식이 다 뭔 소용이냐는 취지다. 인문학 경시? 설마 그럴 리야. 그가 시를 중시하는 건 『논어』여기저기서 확인되는 바다. 「제2편 제2장」 "시삼백 일언 이폐지왈 사무사詩三百, 一言以蔽之曰, '思無邪'"시 삼백 편을 한마디로 총괄하자면 '삿됨(바르지 못함)이 없는 걸 생각한다'는 것이다도 그 중 하나다. '송시'는 아마 '지식' 내지 박학다식의 상징일 것이다. '비록 많더라도雖多'는 박식을 의미한다. 박학다식이 실무처리에 도움이 안 된다면 무슨 소용이냐는 것이니 그가 일종의 실용주의 / 실학의 선구자임을 이 말로 알 수 있다.

공자는 공리공론을 일삼는 혹은 뜬구름 잡는 단순한 지식인이 아니었다. 많이 아는 박사라고 다 일을 잘하는 것은 분명히 아니다.

65

경제생활의 좋은 자세

● 제13편, 제8장

子謂衛公子荊. 善居室. 始有, 曰, 苟合矣. 少有, 曰, 苟完
矣. 富有, 曰, 苟美矣.

자위위공자형. 선거실. 시유, 왈, 구합의. 소유, 왈, 구완의. 부유, 왈,
구미의.

선생님께서 위나라 공자 형荊에 대해 말씀하셨다. "경제생활 자
세가 좋구나. 처음 재산이 장만되자 '그럭저럭 모아졌다'고 했고,
조금 갖추어지자 '그런대로 갖추어졌다'고 했으며, 부유하게 되자
'웬만큼 아름답다'고 말했다."

이 말은 일반인에게 별로 알려져 있지 않다. 그러나 널리 알려
질 필요가 있다. 아주 특이하게도 공자가 '경제생활居室'에 대해, 특
히 그것을 잘하는 것善에 대해 언급하고 있기 때문이다. ('돈 잘 버는
법' 그런 것은 당연히 아니다) 물론 '빈부貧富'에 대한 유명한 말들이 따로
있긴 하지만 이건 그런 일반론이 아니라 아주 구체적이다. 그래서

보여주는 과시 / 무시 / 갑질 같은 것이 보이지 않는다. 공자의
은 바로 이점에 놓여 있다.

자본과 인간의 주객관계가 뒤집혀 자본이 전횡을 하고 인간이
의 노예가 된 듯한 오늘날, 깊이 새겨보아야 할 주제가 아닐 수
. 과연 어떤 '거실'이 ^{경제자세가} '선'한 것일까.

특별히 흥미롭다.

　　보다시피 말의 형식은 일종의 인물평이다. 위
대한 말이다. 그 내용이 '선거실善居室', 즉 '경제생활 ㅈ
는 딱 한마디다. 원문은 '거실이 좋다, 거실을 잘 한
현재 한국어로 통용되는 거실과는 글자와 발음이 ㄱ
주의가 필요하다. 현대 중국에서는 대체로 치리가ㅎ
제管理經濟 등으로 읽는다. '거居'는 쌓는다를 뜻하기도
물을 뜻하기도 하니 확실히 경제생활과 무관한 말은

　　그런데 문맥을 보면 공자가 그의 이재理財솜씨
은 분명 아니다. 만일 그렇다면 그건 우리가 아는
공자의 이 칭찬은 재물 / 재산室에 대한 형荊의 자세
을 확인해주는 것이 그 다음 말이다. 형도 우리 대부
럼 세 단계를 거친 듯하다. 그게 ① 시유始有 ② 소유
다. 즉 재산을 갖기 시작했을 때, 조금 갖게 되었을 ㄸ
되었을 때, 이 세 단계다. 그런데 공자가 주목하는 것ㅓ
인 형의 태도居다. 그게 ① 구합의苟合矣 ② 구완의苟完矣
矣, 즉 '그럭저럭 모아졌다', '그런대로 갖추어졌다', 'ㅇ
다'는 것이다. 공자의 더 이상의 설명은 없다. 하지만
는 각각 '만족'을 의미할 것이고 구苟, 겨우겨우, 그럭저럭, 그런대로
을 의미할 것이다. 그의 이 자평에는 오늘날의 일부 될

1　위공자형(衛公子荊) : 위나라 헌공(獻公)의 아들. 공자보다 한 세
　　람. 오나라 공자(公子) 계찰(季札)이 각국 순방 중 위나라에 들ㄹ
　　"위나라에는 군자가 많다"고 그의 인품을 평한 기록이 『좌전』ㅇ
　　조에 보임.

경제생활의 ·

66

민심, 경제, 교육

● 제13편, 제9장

子適衛, 冉有僕. 子曰, "庶矣哉!" 冉有曰, "旣庶矣, 又何加焉?" 曰, "富之." 曰, "旣富矣, 又何加焉?" 曰, "敎之."

자적위, 염유복. 자왈, "서의재!" 염유왈, "기서의, 우하가언?" 왈, "부지." 왈, "기부의, 우하가언?" 왈, "교지."

선생님께서 위나라에 가셨을 때 염유가 마차를 몰았다.……말씀하셨다. "사람들이 많구나." 염유가 말했다. "이미 사람들이 많아졌으니 또 무엇을 더해야 합니까?" 말씀하셨다. "풍요하게 해야 한다." 염유가 말했다. "이미 풍요하게 되었다면 또 무엇을 더해야 합니까?" 말씀하셨다. "가르쳐야 한다."

공자가 외유 중 위나라에 갔을 때^{適衛} 제자 염유^{冉有}와 나눈 대화다. 염유가 마차를 몰고 있는^僕 상황이니 현장감이 느껴진다. 마치 익숙한 중국 드라마의 한 장면을 보고 있는 느낌이다.

긴 말도 아니고 어려운 말도 아니다. '서^庶' '부^富' '교^敎' 세 마디

가 핵심이다. 사람이 많은 것, 부유하게 하는 것, 가르치는 것이다.

'서庶'는 민심을 얻어 사람들이 많이 모이는 것이다. 알다시피 당시는 사람들이 폭정을 피하고 살기 좋은 나라를 찾아 옮겨 다니기도 했다. 그러니 폭정을 하지 말아야 한다는 정치적인 과제로 해석될 수 있는 부분이다.

'부富'는 말할 필요도 없다. 민생의 안정과 경제적 풍요를 추구하는 것이다. "잘 살아보세"와 통한다.

'교敎'는 역시 공자다운 과제다. 교육이다. 혹은 교화다. 지식교육 인성교육이 다 포함될 수 있다.

'서'에 '부'가, '부'에 '교'가, 하나씩 추가加되어 나가는 구조다. 그가 지향하는 방향과 과정이 여기서 읽힌다. 지금도 그대로 유효한 일들이다. 오늘날의 정치 상황이 옛날과 같을 수는 없겠지만, 그 기본구조는 다를 수가 없다. 공자와 같은 이런 관심사, 이런 방향, 이런 가치관이 지금의 정치하는 사람들에게 과연 존재하는지 점검이 필요해 보인다.

67

선인 그리고 잔혹과 살육

● 제13편, 제11장

子曰, 善人爲邦百年, 亦可以勝殘去殺矣. 誠哉! 是言也.

자왈, 선인위방백년, 역가이승잔거살의. 성재! 시언야.

"'선인善人이 나라를 백년간 다스리면 또한 가히 잔혹함을 극복하여 살육을 없앨 수 있다'고 했다. 진실하구나! 이 말은."

사람의 말이란 참 신기한 것이어서 어느 것 한마디 우연한 것이 없다. 보이지 않는 사람의 마음속 머릿속을 보여준다. 이 말론言, 선인이~없앨 수 있다도 그렇다. 그리고 이 말에 대한 공자의 말誠哉도 그렇다. 관심사 내지 가치관이 그 말에 드러나 있다.

'선인이……'는 공자 본인의 말은 아니다. 일종의 인용이다. 예로부터 전해지는 말이거나 당시 항간에 떠다니던 말이거나 그럴 것이다. 그 자체로 의미있는 말이지만 더욱 중요한 것은 공자가 이걸 언급하고 있다는 것이다. 더욱이 "진실하구나誠哉!"하고 긍정 / 인정하고 있다는 것이다. 이 말에 힘을 실어주는 / 보태주는 셈이다. 이렇게 함으로써 이 말은 공자의 말이 되기도 한다.

주제는 보다시피 '승잔거살勝殘去殺', 잔혹함을 극복하여 살육을 없앤다는 것이다. 더 세밀히 말하자면 '잔殘 / 살殺'과 그에 대한 '승勝 / 거去'다. 말이야 간단하지만 이게 우리 인간에게는 얼마나 어마어마한 사안인가. 그 잔 / 살의 대상이 사랑하는 가족 친구……심지어 자기 자신이라고 생각해보라. 끔찍한 짓이다. 그런데 이런 일이 실제로 인간세상에서 비일비재로 일어났고 또한 지금도 일어나고 있다. 잔혹한 살인사건은 말할 것도 없고 전쟁도 다반사다. 전쟁을 일으키는 자들을 이 말은 다시 보게 만든다.

그런데 이 말을 더욱 주목하게 만드는 건 이런 '문제'에 대한 공자 나름의 극복 / 해결 방안이다. 어떻게? 그게 바로 '선인위방백년善人爲邦百年', 선인이 백년간 나라를 다스리는 것이다. 그거면 저 문제 즉 잔잔인함 / 살살육을 승극복 / 거제거 할 수 있다可以는 말이다. 일종의 희망의 메시지다. 그런데 이 방안이 특이한 것은 그 주체가 '선인善人'이고 그 방법이 '위방爲邦'이라는 것이다. 공자도 '진실되구나誠哉!'라는 말로 이것을 지지했다. 물론 이상주의다. 선인이 나라를 위한다爲邦? 쉬운 일도 아니고 흔한 일도 아니다. 이 말을 퍼트린 사람도 그걸 몰랐을까? 알았을 것이다. 그러니 '백년百年'이라고 했을 것이다. 강산도 변한다는 10년이 열 번 거듭되는 아득한 세월이다. 그러니 이 말은 기대요 희망사항일 것이다. 그래도 우리는 저 공자와 함께 이런 기대 / 희망을 버릴 수가 없다. 잔 / 살이라는 저 '악'에 대한 해결은 결국 그 반대인 '선'일 수밖에 없고 그 구현은 결국 사람, 즉 '선인'일 수밖에 없다. 그의 선의지와 실행이 곧 '나라를 위함爲邦'이다.

이 말에 우리도 희망을 걸어보자. 한 백년 선인이 나라를 위해 애쓰다 보면 잔 / 살을 100% 승 / 거하지는 못하더라도 어느 정도는 이룰 수가 있을 것이다. '선'의 힘은 절대로 만만하지 않다. 그런 사람이 진정으로 나라를 위해 애쓴다면. 그리고 우리가 실제로 그쪽을 바라보고 그쪽으로 발걸음을 내딛는다면.

68

빨리 하려는 것, 작은 이익을 보려는 것

● 제13편, 제17장

子夏爲莒父宰, 問政. 子曰 無欲速, 無見小利. 欲速則不達, 見小利則大事不成.

자하위거보재, 문정. 자왈 무욕속, 무견소리. 욕속즉부달, 견소리즉 대사불성.

자하子夏가 거보莒父의 읍재邑宰가 되어 정치에 대해 묻자……말씀 하셨다. "빨리 하려 하지 말고 작은 이익을 보려 하지 마라. 빨리 하려 하면 목표에 이르지 못하고 작은 이익을 보려 하면 큰 일이 이루 어지지 못한다."

보다 시피 정치를 주제로 한 대화다. 질문한 제자 자하子夏가 실제로 지위를 갖고 있을 때니 내용이 구체적이고 실질적이다. 공자의 대답은 간단명료하다. 어려운 말은 하나도 없다. 두 마디다. 그게 '무욕속無欲速' '무견소리無見小利'다. 빨리 하려 하지 마라, 작은 이익을 보려 하지 마라, 그런 일이 없어야無한다는 것이다.

꼭 정치뿐만 아니라 보통의 삶에서도 '욕속欲速'과 '견소리見小利'는 사람의 본능에 속한다. 특히나 '빨리빨리'를 자랑삼는, 그리고 작은 이익에 민감한 우리 한국인들은 공자의 이 말이 심히 불편할 수 있다. 중국인 특유의 저 '만만디慢慢地 / 慢慢的'가 혹 여기서 기원한 걸까?

단, 제자를 위한 공자의 이 조언은 무턱대고 그냥 해보는 말은 아니다. 그는 언제나처럼 그 배경 내지 이유를 알려준다. 부작용일 수도 있다. 그게 바로 '부달不達'이고 '대사불성大事不成'이다. 목표에 이르지 못함혹은 능숙해지지 못함이고 큰 일이 이루어지지 못함이다. 너무 조급히 서두르다 보면 일이 제대로 되지 않아 목표에 이르지 못할 수도 있다. 너무 작은 이익을 보려고 매달리다 보면 정작 큰 일을 이루지 못할 수도 있다. 결과가 그렇다면 빨리 하려는 것도 작은 이익을 보려는 것도 무슨 소용이 있겠는가. 더 크고 더 중요한 것을 생각하라는 조언일 것이다.

아닌 게 아니라 우리는 실제로 소위 '속도전'이 부실공사로 이어져 대형사고를 일으킨 사례를 여럿 알고 있다. 그리고 작은 이익을 탐하다가 뭔가를 얻기는커녕 오히려 큰 것을 잃어버리게 되는 소위 '소탐대실小貪大失'의 경우도 여럿 알고 있다. 다 백성들의 삶과 유관한 일들이니 정치의 주제가 아닐 수 없다. 공자의 '그때 거기'서나 우리의 '지금 여기'서나 인간들이, 특히 정치인들이, 하는 짓거리는 다를 바가 없었던 모양이다. 그래서 진리는 보편적이라고 일컬어지는 모양이다. 너무 조급히 서두르지 말고 너무 쪼잔히 작은 것에 매달리지 말 일이다.

69

과격함과 완고함의 가운데

● 제13편, 제21장

子曰, "不得中行而與之, 必也狂狷乎! 狂者進取, 狷者有所不
爲也."

자왈, "부득중행이여지, 필야광견호! 광자진취, 견자유소불위야."

"중행中行, 가운데로 가기 / 알맞게 하기을 얻어서 이와 함께 하지 않으면 반
드시 과격너무 적극적하거나 완고너무 소극적하다. 과격함은 나아가 취하
려 하고 완고함은 하지 않는 바가 있다."＊

일반에게 유명한 것은 아니나 이쪽 전문가들 사이에선 제법
알려진 말이다. 그런데 공자의 이 말은 그 해석과 이해에서 논란이
많다. 사람마다 의견이 꽤나 갈린다. 보통은 "중행을 실천하는 사람
을 얻어 함께하지 못할 바에야 차라리 과격한 사람이나 완고한 사
람을 택하겠다. 과격한 사람은 진취적인 데라도 있고 완고한 사람
은 하지 않는 바라도 있기 때문이다"는 식으로 풀이된다. 말하자면
'중행中行' '광자狂者' '견자狷者'라는 세 타입의 인간형을 제시하며 '광

자 / 견자'를 '중행자'에 대한 최소한의 대안처럼 이 말을 읽는 것이다. 이런 해석에는 맹자와 주자의 해석이 크게 작용하고 있다.

狂者, 志極高而行不掩. 狷者, 知未及而守有餘. 蓋聖人本欲得中道之人而敎之, 然 旣不可得, 而徒得謹厚之人, 則未必能自振拔而有爲也. 故 不若得此狂狷之人, 猶可因其志節, 而激厲裁抑之 以進於道, 非與其終於此而已也. 孟子曰 孔子豈不欲中道哉? 不可必得, 故 思其次也. 如琴張 曾皙 牧皮者, 孔子之所謂狂也. 其志嘐嘐然, 曰 古之人! 古之人! 夷考其行而不掩焉者也. 狂者又不可得, 欲得不屑不潔之士而與之, 是狷也, 是又其次也.

광자는 뜻이 지극히 높으나 행실은 가림이 없는 사람이요. 견자는 지혜가 미치지 못하고 지킴은 남음이 있다. 성인은 본래 중도를 얻은 사람을 얻어서 가르치고자 한다. 그러나 이미 얻을 수 없고, 한갓 삼가고 독실한 사람을 얻으면 반드시 스스로 떨쳐 뽑아서 함이 있지 않을 것이다. 그러므로 이 광자 견자의 사람을 얻어서 오히려 그들의 뜻과 절개로 원인하여 격려하고 마름질하면서 억제하여 도에 나아가게 함만 못하다. 여기에서 마칠 뿐임을 허여한 것은 아니다. 맹자가 말하길 "공자가 어찌 중도를 하고자 하지 않았으리오만 반드시 얻을 수 없어서였다." 그러므로 그 다음을 생각하니 금장 증석 목피같은 사람은 공자가 이른바 광자라고 한 사람이다. 그 뜻이 크고 말하길 "옛 사람이여! 옛 사람이여 하되 평소 그 행실을 고찰하여 말을 가리지 않았던 사람이다." 광자를 또한 얻을 수 없으면 깨끗지 못하고 청결치 못한 선비를 얻어서 함께하고자 하니 이가 견자이니 또한 그 다음이다.

그런데 이런 해석은 그대로 납득하기 어렵다. 공자 본인의 표현 자체에 이런 의미가 전혀 실려 있지 않기 때문이다. 일종의 과잉해석이다. 맹자와 주자의 권위도 이 엉뚱하기 짝이 없는 과잉해석을 정당화시켜주지는 못한다. 그들 자신이 오독하고 있다.

해서 우리는 이 말을 글자 그대로 위와 같이 읽어본다. 새로운 해석이다. 공자는 여기서 '중행中行, 가운데로 가기 / 알맞게 하기, 여기서는 '광'과 '견'의 가운데'을 강조하는 것이다. 이런 경지를 득해야 하고得中行 그리고 스스로 그것에 함께 해야 한다而與之는 것이다. 만일 그렇게 하지 못하면 不 반드시必也 문제 / 폐단이 생기는데, 그게 '광견狂狷'이라는 것이다. '광狂, 너무 적극적인 과격함'과 '견狷, 너무 소극적인 (자기 틀에 갇힌) 완고함'은 다르다. 양 극단이다. 공자는 그 각각을 설명해준다. 광이라는 것은 '진취' 즉 나서서 가지려는 것進取이고, 견이란 고집스럽게 의심하여 주저하는 것이다. 그래서 하지 못하는 / 않는 바가 있는 것有所不爲이다. 어느 쪽도 바람직한 태도라고는 할 수 없다. (진취가 (현재의 긍정적 의미와는 달리) 부정적인 것이며, 광자 견자의 '자'가 '사람'을 나타내는 게 아니라 '라는 것'이란 의미라는 점을 주의할 필요가 있다「제2편 제7장」今之孝者, 是謂能養,「제9편 제16장」逝者如斯夫 등) 중행이란 중도나 중용과 비슷하지만 완전히 일치하는 것은 아니다. 공자가 이 말에 의탁하고자 한 철학적 의미를 우리는 액면 그대로 음미해볼 필요가 있다. 우리가 함께해야 할 이 '가운데로 가기'는 '과격함'과 '완고함'의 가운데인 것이다.

70

군자와 소인의 차이

● 제13편, 제25장

子曰, 君子易事而難說也, 說之不以道, 不說也. 及其使人也, 器
之. 小人難事而易說也, 說之雖不以道, 說也. 及其使人也, 求備焉.

자왈, 군자이사이난열야, 열지불이도, 불열야. 급기사인야, 기지. 소
인난사이이열야, 열지수불이도, 열야. 급기사인야, 구비언.

"군자는 섬기기는 쉽지만 기쁘게 하기는 어려우니 도道로써 기
쁘게 하지 않으면 기뻐하지 않는다. 사람을 부림에 있어서는 그 그
릇에 맞게 한다. 소인은 섬기기는 어렵지만 기쁘게 하기는 쉬우니
비록 도道로써 기쁘게 하지 않더라도 기뻐한다. 사람을 부림에 있
어서는 모든 것을 갖추고 있기를 요구한다."

이 단편의 주제는 보다시피 군자와 소인의 대비다. 같은 주제
의 다른 말들[2]에 비해 여기서는 공자의 발언이 상대적으로 좀 길다.

---

2   예컨대 "군자 주이불비, 소인 비이부주(君子周而不比小人比而不周)", "군자 회덕,
     소인 회토(君子懷德小人懷土). 군자 회형, 소인 회혜(君子懷刑小人懷惠)", "군자 유

잘 보면 알지만 주제가 두 가지다. 하나는 '열說, 悅, 기쁘게 하기' 하나는 '사인使人, 사람 부리기'이다. 직접적인 연관은 없고 각각 따로따로다. 응? 할 수도 있겠지만 군자와 소인의 대비라는 공통의 주제가 있으니 직접 연관이 없더라도 상관없다.

'열說, 기쁘게 하기'은 주제의 부각을 위해 '사事, 섬기기'와 대비된다. 말의 구조가 흥미롭다. 군자는 A는 쉽지만 B는 어렵고 소인은 A는 어렵지만 B는 쉽다는 구조다.

'섬기기事'가 쉽다 어렵다 하는 것은 그 자체로 간단치 않은 하나의 주제지만 일단 군자는 그게 쉽고 소인은 그게 어렵다고 말한다. 이건 이해된다. 군자는 상하관계에서 표면적-형식적인 윗사람 대접을 중시하지 않기 때문이다. 원칙 이외의 것들은 사소하게 친다. 그런 점에서는 섬기기 / 모시기가 쉽다. 반면 소인은 그런 것에 큰 가치를 둔다. 행여 기분이나 권위나 이익 따위를 건드리면 큰일난다. 그래서 섬기기 / 모시기가 어려운 것이다.

한편, '기쁘게 하기說'는 반대다. 군자는 그게 어렵고 소인은 그게 쉽다는 것이다. 왜인가. 공자 본인이 그 답을 말해주고 있다. '기쁨'의 조건이 '도道'의 여부이기 때문이다. 군자는 그게 있어야만 기뻐하는데 소인은 그게 없더라도雖不以道, 즉 정의롭지 않은 것으로도 기뻐하는 것이다. 이를테면 아첨-뇌물 등이 군자에게는 통하지 않고 소인에게는 통한다. 군자는 그런 것을 기뻐하지 않고 소인은 기뻐한다. 그러

어의, 소인 유어리(君子喩於義小人喩於利).", "군자 화이부동, 소인 동이불화(君子和而不同小人同而不和)", "군자 태이불교, 소인 교이불태(君子泰而不驕小人驕而不泰)", "군자 상달, 소인 하달(君子上達小人下達)", "군자 구저기, 소인 구저인(君子求諸己小人求諸人)", "군자 탄탕탕, 소인 장척척(君子坦蕩蕩小人長戚戚)." 등

니 군자는 기쁘게 하기가 어렵고 소인은 기쁘게 하기가 쉬운 것이다. 어려운 말은 아니다. 현실을 반영한 날카롭고도 멋진 지적이 아닐 수 없다.

또 하나의 주제는 '사인使人, 사람 부리기, 아랫사람에게 일 시키기'이다. 여기에도 역시 대비 / 차이가 있다. 군자는 '기지器之'이고 소인은 '구비求備'다. 다소 모호하지만 난해한 말은 아니다. '기지'란 부릴 사람이 어떤 그릇인지를 고려해 적재적소에 배치함으로써 그 사람의 역량을 효율적으로 발휘하게 한다는 것이고, '구비'란 뭐든 시키는 대로 다 해내라고 요구한다는 것이다.「제18편 제10장」"無求備於一人" 상대를 고려하지 않는 것이다. 일종의 실무대처방식이다. 이런 것까지 꿰뚫어 알고 있었으니 공자는 참 대단한 인물이 아닐 수가 없다. 그는 뜬구름 잡는 황당한 이상론자는 아니었다. 우리 조직의 그 상사는 과연 어느 쪽일까. 군자일까 소인일까. 공자의 이 말에 비추어보기 바란다.

71

사랑과 충심, 애써줌과 깨우침

● 제14편, 제8장

子曰, "愛之, 能勿勞乎? 忠焉, 能勿誨乎?"

"애지, 능물로호? 충언, 능물회호?"

"사랑한다면 애쓰지 않을 수 있겠느냐? 충심이라면 깨우쳐 주지 않을 수 있겠느냐?"

여기서 공자는 네 가지의 가치개념을 언급한다. '애愛', '충忠', '로勞', '회誨'. 즉 사랑과 충심, 그리고 애써줌과 깨우침이다. 모두 다 사람에 대한 사람의 태도다. 직접 언급되고 있지는 않으나 이 말도 공자 사상의 근본을 관통하고 있는 나己와 남人의 관계틀 위에서 빛나고 있다. 전자 둘은 마음씀이고 후자 둘은 행위다.

일반에게 널리 알려진 바는 아니지만, 유명하고도 유명한 '인仁,어짊'의 핵심이 사람 / 남에 대한 사랑愛人이었고,「제12편 제23장」제자 증삼의 해석에 따르면 공자 도의 핵심이 '충서忠恕'일 따름이라고 했다.「제4편 제15장」무엇이든 무언가를 자신의 마음 한가운데구석이나 주변이 아닌 곳에 두는 것이 '충忠(中+心)'이고 상대방과 같은 마음이 되어어보는 / 되어주는 것이 '서恕(如+心)'였다. 요즘 우리 사회에 만연한 이른바 '나만주의'와 근본적으로 다른 마음씀인 것이다. 이 자체만으로 어찌 숭고하다 하지 않을 수 있겠는가.[3]

그런데 더욱 흥미로운 것은 공자가 여기서 그 '애愛'와 '충忠'을 각각 '로勞'와 '회誨'로 연결시킨다는 점이다.

나 아닌 남 누군가를 위해 애쓴다는 것, 그를 위해 그를 깨우쳐준다는 것, 특히 그의 잘못을 일깨워준다는 것, 이게 '로勞'와 '회誨'인 것이다. 상대방에게 무심하지 않다는 것이다. 그를 좋게 하고자 무언가 구체적인 행위를 한다는 것이다. 그를 위함이고 수고를 마다하지 않음이다. 그런 연결을 너무나도 자연스런 귀추라고 여기서 공자는 강조하는 것이다. '……않을 수 있겠느냐能勿……乎?'가 바로 그런 의미다.

'로勞'에는 사랑하는 자식들을 위한 부모들의 노고, 사랑하는 이성을 위한 연인들의 노고도 다 포함된다. 위하여 애씀, 그것보다 더 확실한 사랑의 증좌는 없다. 그리고 누군가에게 잘못을 지적해주거나 고언으로 일깨워주는 것, 그게 만일 그에 대한 충심이 없다면 가능하겠는가. 못 본체 입 다물면 편할 텐데 왜 굳이 미움 받을 각오하고 쓴소리를 하겠는가?

'회誨'에는 '지적'도 '충고'도 다 포함된다. 누군가가 나를 위해

---

3 물론 이 '충'은 한대 이후 동중서(董仲舒) 등에 의해 관학화되면서 굳어진 것처럼 군주에 대한 '충성'만을 의미하지 않고 그것을 넘어선 일반적이고 보편적인 진실됨을 지칭한다. 주의가 필요하다. 주자도 그 점에서 이 말의 진의를 잘못 짚고 있다.

노고를 아끼지 않는다면 거기서 그의 사랑을 읽어야 / 느껴야 하고, 누군가가 나에게 싫은 소리를 한다면 반발을 하기 전에 거기서 그의 충심을 읽어야 / 느껴야 한다고 공자는 말하고 싶은 것이다.

우리도 누군가를 사랑하고 누군가에 충심이라면, 그를 위해 노고를 아끼지 않고 깨우침을 주저하지 말아야 하겠다. 2,500년 전 공자가 일러준 '사람의 도리'다.

72

나를 아는 이는 저 하늘일 거다!

● 제14편, 제37장

子曰, "莫我知也夫! 子貢曰, "何爲其莫知子也?" 子曰, "不怨天, 不尤人, 下學而上達. 知我者其天乎!"

자왈, "막아지야부! 자공왈, "하위기막지자야?" 자왈, "불원천, 불우인, 하학이상달. 지아자기천호!"

……말씀하셨다. "아무도 나를 알지 못하는구나!" 자공子貢이 말했다. "어찌 선생님을 알지 못하기야 하겠습니까?"……말씀하셨다. "하늘을 원망하지 않았고 사람을 탓하지 않았으며 아래서부터 배워 위에 달했다. 나를 아는 이는 저 하늘일 거다!"

제자 자공子貢과의 대화다. "아무도 나를 알지 못하는구나莫我知也夫!"라는 일종의 신세한탄(?)에서 시작한다. 안타까움의 표출일 것이다. 공자가 여러 차례[01/01], [04/14], [14/32], [15/19] 등 '남이 나를 알아주기보다 내가 남을 알아주기'를 강조한 걸 생각해보면 좀 의외일 수도 있다. 하지만 그것조차도 이런 배경에서 나온 것으로 이해하면 이해 안 될 것도 없다. 이게 훨씬 더 인간적인 모습이다.『논어』에서 공자는 안타까워하는 이런 모습을 자주 보인다. "평생을 통해 얻은 인생관, 세계관을 누구와도 공유하지 못하고 있는……쓸쓸한 감회를 표명한"[이수태] 말일 수도 있다.

　자공은 '설마요. 그럴 리가요何爲其莫知子也'하고 반문한다. 그걸 듣고 공자는 다시 말한다. "하늘을 원망하지 않았고 사람을 탓하지 않았으며 아래서부터 배워 위에 달했다"는 자평이다. 누구보다 자기 자신을 잘 알았을 것이다. 이건 중요하다. 한 마디 한 마디 참고가 되고 귀감이 된다. 세 마디다. ① 불원천不怨天 ② 불우인不尤人 ③ 하학이상달下學而上達이다. 말이야 쉽지만 실제로는 이 하나하나가 예사로운 일이 아니다. 실제로 우리 자신을 돌아보면 공자의 이 자평은 존경스럽다.

① 우선 우리는 걸핏하면 하늘을 원망한다怨天. "하늘도 무심하시지"를 입에 달고 산다. 안 좋은 건 다 하늘 탓을 한다. 자기 자신은 모든 책임에서 벗어나 있다. 그런데 공자는 하늘을 탓하지 않았다니 얼마나 대단한가. '다 내탓이요'하고 자기의 실력과 노력으로 인생의 문제, 세상의 문제에 부딪쳤다는 것이다.

② 그리고 보통은 대개 남 탓을 한다尤人. 조금만 뭐가 안 좋아도 "이게 다 너 / 그놈 때문이야"가 대부분이다. 현재 우리 사회의 고질적 병폐인 진영싸움도 기본적으로는 "다 니들이 나빠!"라는 '우인尤人, 남탓'이 바탕에 깔려 있다. 그런데 공

자는 그러지 않았다는 것이다. 이러면 진영싸움 같은 것도 원천 차단된다.

③ 그리고 우리는 보통 배움에도 도달에도 별 관심이 없다. 더욱이 밑에서 위로라고 하는 향상-발전의 의지도 흔치 않다. 흔한 건 대개 출세의 의지 그런 것이다. 그건 밑에서부터 차근차근 배워下學 이윽고 위에 이르는 그래서 능통해지는 노력而上達과는 다르다. 공자와 같은 '하학이상달'은 확실한 모범이다.

물론 지금도 없지는 않다. 많을 수도 있다. 단, 사람들은 그런 존재를 잘 알아주지 않는다. 보통은 실망스럽고 안타까울 것이다. 공자와 똑같은 심정으로 "아무도 나를 알지 못하는구나!" 말하고 싶을 것이다. 그래서 마지막 말을 한 것이다. "나를 아는 이는 저 하늘일 거다!知我者其天乎!" '그래도 하늘은 나를 알아주실 거야'라는 기대 내지 믿음이다. 그는 실망도 포기도 원망도 하지 않았다. 이런 태도도 또한 우리에게 모범이 된다.

사람들이 알아주지 않는 들 무슨 대수겠는가. 사람들 탓할 것도 없고 하늘을 원망할 것도 없고 오직 그저 우직하게 '하학이상달' 하면 그걸로 된 것이다. 언젠가 하늘이 나를 알아줄 것이다知我者其天乎. 공자의 하늘신앙은 참 독실하기도 하다.

73

향상되려는 것과 빨리 되려는 것

● 제14편, 제47장

子曰, 闕黨童子將命. 或問之曰, 益者與? 子曰, 吾見其居於位
也, 見其與先生並行也. 非求益者也, 欲速成者也.

궐당동자장명. 혹문지왈, 익자여? 자왈, 오견기거어위야, 견기여선
생병행야. 비구익자야, 욕속성자야.

궐闕 마을의 아이가 말 심부름을 하고 있을 때 어떤 사람이 이 아
이에 대해 물었다. "장래성 있는 아이입니까?"⋯⋯말씀하셨다. "나
는 그가 어른들의 자리에 앉아 있는 것을 보았고 연장자들과 나란
히 걸어가는 것을 보았다. 향상되기를 구하는 아이가 아니라 빨리
되기를 바라는 아이다."

여기서 공자는 어떤 아이童子에 대한 평가를 하고 있다. 말 심부
름將命을 하고 있는 동네闕黨 아이다. 「제7편 제29장」의 말互鄕難與言童子
見⋯⋯과 함께 교육학자들의 관심을 끌만한 발언이다. 그가 '익자益者'
인가 하는 어떤 사람의 질문에 대해 '구익자求益者가 아니라 욕속성

자^{欲速成者}'라고 대답한다. 일종의 부정적 평가다. 이 말에 그의 교육 철학이 반영되어 있다.

'익자'인가 라는 질문은 물은 사람이 아마도 이 아이가 심부름하는 것을 보고 얼핏 그렇게 느꼈기 때문일 것이다. '익자^{益者}'란 요즘 쓰이는 말은 아니지만 이 '익^益'이 이익의 익과 상관없이 '진보, 향상'이라는 뜻도 가지므로 '진보하(려)는 / 향상되(려)는 아이' 혹은 '장래성 있는 아이'라는 의미로 읽을 수 있다. 실제 상황에 가장 부합된다.

그런데 이 물음에 대한 공자의 대답이 단호하다. 좀 부정적이다. '비구익자^{非求益者也}', 즉 진보 / 향상을 추구하는 아이가 아니라는 것이다. 아이에 대한 평가치고는 야박할 지경이다.

그런데 공자도 근거 없이 이런 말을 쉽게 할 리는 없다. 나름의 배경 / 근거 / 관찰^見이 있었던 것이다. 그게 "나는 그가 어른들의 자리에 앉아 있는 것을 보았고 연장자들과 나란히 걸어가는 것을 보았다^{吾見其居於位也, 見其與先生行也}"는 것이다. 말하자면 그 아이의 태도 / 행동거지다. '거어위^{居於位}' '여선생병행^{與先生並行}' 이걸 보면 이 녀석은 연장자 / 웃어른에 대해 조심하거나 우러르지 않고 맞먹으려 하고 있으니 장래성은커녕 '그저 빨리 자기도 그렇기를 바라는 녀석' 혹은 '그렇게 어른이 된 체하는^{거드름을 피우는 / 얼분을 떠는} 녀석'이라는 것이다. 심하게 말하자면 싹수가 노란 녀석이라는 셈이다.

아무튼 여기서 우리는 공자의 흥미로운 교육철학을 접한다. 아이에게 필요한 것은 '익^{진보 / 향상}'이지 '속성'이 아니라는 것이다. 강남 학원가의 '속성반'이라는 것을 보며 우리는 한번 쯤 공자의 이 말도 상기해보면 어떨까 한다.

74

생보다 인 구생해인, 살신성인

● 제15편, 제9장

子曰, "志士仁人, 無求生以害仁, 有殺身以成仁."

자왈, "지사인인, 무구생이해인, 유살신이성인."

"뜻 있는 선비와 어진 사람은 목숨을 구하기 위해 어짊을 해치는
일이 없으며 제 몸을 희생시켜서라도 어짊을 이루는 일은 있다."

'지사志士, 뜻 있는 선비' 혹은 '인인仁人, 어진 사람', 공자가 지향하는 인간
상이다. 특히 '지사'는 애국지사라는 말로 우리에게도 익숙하다. '어
진 사람'은 요즘은 완전히 사어가 되고 말았다. 그러나 그런 사람이
지금이라고 아예 없지는 않을 것이다.

어떤 사람이 해당할까? 그 내용이 만만치 않고 호락호락하지
않다. '목숨 / 생명'이 걸려 있다. 그게 공자의 기준이다. 여기서 그
유명한 '살신성인殺身以成仁'이라는 말이 나온다. 공자답게 표현이 멋
지다. 댓구를 이루고 있다. 유와 무다. 이런 경우는 없고無 이런 경우
는 있다有고 말한다.

'무無', 없는 건 "목숨을 구하기 위해 어짊을 해치는 일求生以害仁"이고 '유有', 있는 건 "제 몸을 희생시켜서라도 어짊을 이루는 일殺身以成仁"이다. '인'을 해치는 경우害仁와 '인'을 이루는 경우成仁다. 양쪽 다 '목숨'을 거론한다. 인을 위해 목숨에 연연하지 않는다는 것이다. 살겠다고 인을 해치지 않는다는 거고 죽더라도 인을 이룬다는 거다.

말이 그렇지 이게 쉽겠는가. 보통이라면 우리 누구라도 목숨이 최우선이다. 죽고 사는 게 걸려 있다면 '인' 따위가 대수겠는가. 인을 포기하더라도 목숨은 지킬 것이며 인을 이루겠다고 목숨을 버리진 않을 것이다. 그런데 공자는 반대다. 그래야 한다는 것이다. 그게 지사고 인인이라는 것이다. 실제로 그런 경우도 없지 않다. 이순신, 안중근, 윤봉길, 이수현을 비롯해 적지도 않다. 좀 확대해석하자면 예수 그리스도의 '십자가'도 이런 살신성인의 상징에 해당할 수 있다. 이완용을 비롯한 소위 '을사오적', '정미칠적', '경술국적'은 구생해인의 사례가 될지도 모르겠다. 아니, 그들은 목숨보다 더한 생의 영달을 구하였으니 단순히 목숨을 구하고자 한 것보다 더 악질적이다.

'죽느냐 사느냐, 그것이 문제로다'가 아니라 '인이냐 불인이냐, 그것이 문제로다'라고 공자는 말하고 싶은 것이다. 그러니 공자가 툭 던진 이 한 마디는 무구생해인 유살신성인 그 어느 쪽이든 절대 가벼울 수가 없다.

75

일을 잘하려면 먼저 연장을 벼리듯이

● 제15편, 제10장

子貢問爲仁. 子曰, "工欲善其事, 必先利其器. 居是邦也, 事其大夫之賢者, 友其士之仁者."

자공문위인. 자왈, "공욕선기사, 필선리기기. 거시방야, 사기대부지현자, 우기사지인자."

자공子貢이 어짊을 실행하는 것에 대해 묻자……말씀하셨다. "장인이 자기 일을 잘하려면 반드시 먼저 자신의 연장을 벼리듯이 어느 한 나라에 거하게 되면 그 나라 대부 중에서 현명한 이를 섬기고 그 나라 선비 중에서 어진 이를 벗해야 한다."

자공의 질문에 대한 공자의 대답이다. 질문내용은 '어짊을 실행하는 것爲仁'이다. (여기서 '위爲'는 '된다'는 뜻도 있지만 문맥을 고려해 적극적으로 해석한다)

공자는 답에 앞서 한 가지 예시를 한다. 장인工의 경우다. 장인이 자기 일을 잘하려 할 때, "반드시 먼저 자신의 연장을 벼린다利其

器"는 것이다. 그런 사전 준비작업 / 과정이 필요하다는 것이다. 그렇게 해야 한다는 것이다. 그런데 공자는 뜬구름 잡는 이론가가 아니다. 지극히 구체적인 상황, 인仁이 요구되는 상황을 제시한다. 그게 '국가'다居是邦也. 어느 한 나라에서 '인仁'을 구현하는 것이다. 그러려면 어떻게 해야 할 것인가. 그걸 말한다.

그 답이 바로 "그 나라 대부 중에서 현명한 이를 섬기고 그 나라 선비 중에서 어진 이를 벗해야 한다"는 것이다. 이게 이 단편의 핵심이다. 일단 '대부를 섬기고事其大夫' '선비를 벗하고友其士' 하는 것이다. 사람을 통해서 '인'을 구현하라는 조언이다. 그러나 대부나 선비라고 '아무나'는 아니다. 조건이 있다. '현자賢者'와 '인자仁者'다. 견해가 확실하다.

공자는 이렇게 '인仁'의 구현 장소를 구체적인 '국가邦'로 설정하고 있다. 그 가치는 구체적인 사람者을 통해서 실현 가능한 것이다. 현명한 실력자와 어진 지식인만이 그것을 구현할 수 있다. 만고불변의 진리다.

76

먼 생각과 가까운 근심

● 제15편, 제12장

子曰, "人無遠慮, 必有近憂."

자왈 "인무원려, 필유근우."

"사람이 먼 생각이 없으면 반드시 가까운 근심이 있다."*

안중근의 유묵으로도 남아 엄청 유명해진 말이다. 어려운 글자도 없고 난해한 말도 없다. 그러나 이 말의 철학적 의미는 결코 만만하지 않다.

말 그대로 '사람人'에 대한 말이다. 공자의 기본적인 관심사다. 우리 자신에 대한 이야기다. 그 '사람人'에게 없는 것無과 있는 것有을 지적한다. 그게 각각 '원려遠慮'와 '근우近憂'다. 먼 생각과 가까운 근심이다. '먼 생각이 없으면 가까운 근심이 있다'는 것이다. 여기까지는 별 문제 없다.

그런데 이게 무슨 소릴까. 뭣 때문에 공자는 이런 소릴 한 것일까. 보통 해석되듯이 '먼 장래까지 내다보지 않으면 반드시 가까운 장래에 근심거리가 생긴다^{미리 대비 / 준비하라}는 그런 말일까? 물론 그런 뜻일 수도 있다. 거기에 철학적인 의미도 있다. 그런데 이렇게 읽으면 '반드시^必'라는 말이 좀 걸린다. 꼭 장기대책이 없더라도 당장은 별 탈 없이 넘어가는 경우도 있기 때문이다. 공자는 말 한 마디도 어중간하게 대충 하는 사람이 아니다. '반드시 있다'는 것은 논리적으로 약간 무리가 있다.

그래서 한 가지 다른 해석이 가능하다. 이 '원^遠-근^近'이 반드시 시간적인 장차와 당장이 아닐 수 있다는 것이다. 그럼? 사안 자체의 원근이다. '당장 눈앞의 근심거리'와 '원대한 사려'다. 원대한 사려가 없는 사람은 반드시 당장 눈앞의 가까운 근심거리에 매달려 끙끙 애태운다. 인간의 두 타입을 공자는 날카롭게 꿰뚫어본 것이다. 과장하자면 일종의 거대서사와 작은 이야기의 대비 비슷한 것이다. 이 두 가지는 양립하지 않는다. A 아니면 B다. 그래서 '무원려^{無遠慮}'와 '유근우^{有近憂}'를 '반드시^必'로 연결한 것이다.

그런데 왜 이런 말을 공자는 한 것일까. '원대한 사려'를 권유하는 것은 물론 말할 것도 없다. 우리 주변을 둘러보면 금방 이 이유를 확인할 수 있다. 원대한 사려를 하는 사람은 이 시대에 그 종적이 묘연하다. 대부분의 사람들은 당장 눈앞의 가까운 근심거리에 매달려 끙끙 애태운다. 소위 전통적 '거대서사^{grand narrative / grand récit}'에 대적하여 포스트모더니즘이 말하는 '작은 이야기^{petit récit}'도 일종의 그런 부류다. 그게 현실인 것이다. 공자 때나 지금이나 별반 다를 바가 없다.

나는 과연 어느 타입일까. A일까 B일까? 원려파일까 근우파일까. 각자 자신에게 한번 물어보기로 하자.

77

남을 탓하기보다

● 제15편, 제15장

子曰, "躬自厚而薄責於人, 則遠怨矣."

자왈, "궁자후이박책어인, 즉원원의."

"자기 자신은 스스로 두터이 (책망)하고 남에 대한 책망은 엷게 하면 원망을 멀리하게 된다."

공자사상의 기본틀 내지 근본특징이라고 할 수 있는 '기己-인 人'자기와 타인의 대비가 이 말에서도 확인된다. (예컨대 '기소불욕 물시어 인') 중요한 건 그 내용이다. 여기서는? 자기躬에게는 '자후自厚', 타인 人에게는 '박책薄責'이라는 것이 각각 배당된다. '스스로 두터이 하는 것' '책망을 엷게 하는 것'이다. 무엇을? 그게 문제다. 학자에 따라 그 해석에 차이가 있다.

일단 공안국孔安國, 『공자가어(孔子家語)』의 저자 이래의 전통적 해석에 따르면 이것은 '후厚'와 '박薄'이 둘 다 '책망責'을 말하며 자기에게는 '후하게' 타인에게는 '박하게' 책망하라는즉 '내 탓이요' 하는 뜻이 된다. 가장 무난한 해석이기도 하다. 흔히 보는, '잘 되면 내 덕, 못 되면 남 탓'이라는 태도와 정반대인 것이다. 그런 태도면 '원망을 멀리하게 된다遠怨', 원망 들을 일이, 혹은 원망할 일이 적어진다는 취지다. 이런 해석은 하나의 완결된 의미맥락을 갖는다.

단, 다른 해석도 가능하다. '궁자후躬自厚'를 '책망'과 무관하게, '자기 세계를 넓히고 이해심을 증진시키는 것'으로 적극적으로 해석하는 것이다.이수태 이율곡의 언해"몸을 스스로 厚히 하고"와 이토 진사이伊藤仁齊의 해석自治厚而責人薄 등이 이런 방향이다. 이럴 경우는 '원원遠怨'도 '자기에 대한 남의 원망이 아니라 남에 대한 나의 원망이 멀어진다'고 해석될 수 있다. 둘 다일 수도 있다.

어떤 해석이 정답인지는 가늠하기 어렵다. 2,500년 전 중국 고대어이기 때문이고 공자 본인에게 직접 확인할 수 없기 때문이다. 일단은 둘 다 가능하다. 어느 쪽도 틀렸다 할 수는 없다. 각자의 선택에·맡긴다. 모든 해석은 이미 하나의 선택이다. 자기 자신에 대한 선택이기도 하다.

78

사람이 도를 넓힌다

● 제15편, 제29장

子曰, "人能弘道, 非道弘人."

자왈, "인능홍도, 비도홍인."

"사람이 능히 도道를 넓히는 것이지 도道가 사람을 넓히는 것이 아니다."

이 말도 제법 유명하다. 사람과 도의 관계를 말하고 있다. 내용은 '홍弘, 넓히는것'이다. 그 주도권이 '도道'에게 있지 않고 '인人, 사람'에게 있다는 것이다. 도본주의가 아니라 인본주의인 셈이다. '도홍인弘人'이 아니라 '인홍도弘道'라는 것이니 화가 김홍도나 서해 홍도 주민은 반가울지도 모르겠다.

공자의 이 말은, 그가 "아침에 도를 들으면 저녁에 죽어도 좋다"「제4편 제8장」朝聞道夕死可矣고 할 만큼 그 '도'라는 걸 강조했고, '유도有道 / 무도無道'를 세상과 인간의 판별 기준으로 삼았을 만큼 공자철학의 근본임을 고려해보면 좀 의외다.

물론 '도道' 그 자체의 고귀함과 중요함은 불변일 것이다. 손상될 수 없을 것이다. 그런데도 공자는 여기서 굳이 '인人'을 즉 사람의 역할과 책임을 강조하는 것이다. 감나무 아래서 입을 벌리고 홍시가 떨어지기를 기다리는 것처럼 도가 나를 / 우리를 어떻게 해주기를, 넓혀주기를 기다리지만 말라는 말이다. 관건은 결국 '인人' 즉 나 / 우리 자신이라는 말이다. 요즘 식으로 말하자면 정의로운 사회를 원한다면, 정의를 확산시키고 싶다면, 나 / 우리 자신이 직접 깃발을 들고 나서야 한다는 말이다. 아니 그 이전에 나 / 우리 자신이 먼저 정의로운 사람이 되어야 한다는 말이다. 그런 후에 그 범위를 확산시켜야 한다弘는 말이다.

정의로운 세상은 가만히 앉아서 기다리는 것이 아니다. 그것은 주어지는 게 아니라 만들어야 하는 것이다. 누가? 바로 '사람人'이다. 즉 내가 / 우리가 만드는 것이다. 공자의 이 말은 일종의 행동주의와도 통한다. 특히 여기서 그가 '능히能'라고 말하는 것은 그것을 할 수 있음에도 하지 않는 우리 인간人에 대한 은근한 질책의 의미로 해석할 수도 있다. 도를 넓히고자 하는 인간은 그때나 지금이나 흔히 볼 수 있는 게 아니다. 좀 과장해서 말하자면 거의 멸종위기에 가깝다.

79

인을 향한 용기

● 제15편, 제35장

子曰, "民之於仁也, 甚於水火. 水火, 吾見蹈而死者矣, 未見
蹈仁而死者也."

자왈, "민지어인야, 심어수화. 수화, 오견도이사자의, 미견도인이사
자야."

"백성들이 어짊에게 하는 건 물이나 불에게 하는 것보다 더 심하
다. 물이나 불은 밟고 죽는 사람을 내가 보았으나 어짊을 밟고 죽는
사람은 아직 보지 못하였다."

역시 제법 유명한 말이다. 그런데 그 해석은 제각각이다. 표현
이 애매한 까닭이다. 특히 '어於'라는 말이 조사로도 동사로도 읽히
기 때문이다. '……에게 / ……를 어떻게 대하는가' 하는 것이다. 주어
는 '백성들 / 사람들民'이다. 목적어는 '인仁'이다. 백성들이 '인'이라
는 이 엄청나게 중요한 가치를 어떻게 생각하고 / 대하고 / 취급하
느냐 하는 게 이 말의 핵심이다.

공자의 현실진단은 엄정하다. "심^甚하다"는 것이다. '너무하다!' 고 읽어도 좋다. 21세기 한국에서도 그대로 통하는 말이다. 물이나 불에게 하는 것보다 더 심하다고 그는 본다. 물이나 불에게는 어떻게 하는가. '밟고 죽기도 한다蹈而死.' 이 부분은 이해하기가 좀 까다롭다. 긍정인가 부정인가. 일단 부정적인 것으로 읽어야 한다. 왜냐하면 '심하다'고 평가하기 때문이다. '밟고 죽을 수도 있지만, 무섭지만 혹은 안 내키지만, 그래도' 밟는다는 것이다. 그렇다면 '어짊'은? '어짊을 밟고 죽는 사람은 아직 본 적 없다'는 거니 그조차도 안 한다는 말이다. 그러니 '더 심하다'고 한 것이다. 이게 아마 공자의 본의에 가까운 가장 정확한 해석일 것이다.

공자는 백성들에게 '인仁'을 박대하지 말 것을 요구한다. 개무시하지 말라는 것이다. 물불을 가볍게 보듯혹은 안 내켜하듯 어짊을 가볍게 보지혹은 안 내켜하지 말라는 것이다.

지금도 우리 백성들은 똑같다. '인? 그런 돈 안 되는 것, 너나 하세요.' 그게 대세다. 아무도 목숨 걸고 그것에 발을 들여놓으려 하지 않는다. 거들떠보지도 않는다. 너무 심하다. 해도 해도 너무 한다. 남을 사랑하는 어진 사람은 지금 설 자리가 너무 좁다.

80

가르침이 있으면 끼리끼리가 없다

● 제15편, 제39장

子曰, 有敎無類.

자왈, 유교무류.

"가르침이 있으면 부류(끼리끼리)가 없다."＊

꽤나 유명한 말이다. 간단하다. 그런데 공자의 이 간단한 말은 그 의미도 간단할까? 아니다. 해석에 논란이 있다. 이 말은 흔히 두 가지로 해석된다. '가르침에 있어서는 차별이 없다'거나 '가르침이 있으면 (선악 같은) 차별이 없어진다'거나 대략 이런 두 가지다. 각각 철학적-교육적 의미도 없지 않다. 그런데 과연 그런 뜻일까? 선뜻 고개가 끄덕여지지 않는다.

우선 전자는, 흔히 공자 본인이 제자를 가르침에 신분이나 재능에 따른 차별을 두지 않았다고 해석되는데, 이 말 자체에 공자본인의 방침이라는 뉘앙스는 전혀 없다. '유有'를 '……에 있어서'라고 읽는 것도 문법적으로 무리가 있다. '류類'를 '차별'로 읽는 것도 그 근거가 없다. 비약이다. 그래서 수긍할 수 없다.

다음 후자는, 흔히 가르침의 결과 / 효과, 즉 그 내용이 '선^善으로 귀일되어 선악의 부류가 없어진다'는 게 그 기본 취지다. 이런 건 대개 주자의 영향이다. 그는 이른바 성선설과 '기습^{氣習, 기질과 습성}'에 의한 선악의 특수성을 전제로 군자의 가르침이 모두의 선을 회복시킨다^{人性皆善, 而其類有善惡之殊者, 氣習之染也. 故君子有教, 則人皆可以復於善, 而不當復論其類之惡矣,} ^{『論語集註』}고 풀이한다. 그런데 그의 이런 전제 자체에 이미 무리가 있다. '가르침이 있으면'이라는 건 일단 무난하다. 그러나 그 주체가 군자라는 건 공자의 언급에 없다. '무류'를 '복어선^{復於善, 선에 복귀함}'이라고 보는 것도 논리적 비약이다. '무류'라는 표현 자체에는 '선으로 회복된다'는 의미가 전혀 없다. 논리적 비약이다.

'공자 본인의 가르침에 분야적-학파적 유형이 없다'는 일부의 해석도 있는데, 비록 참신하지만, 이 발언 자체로부터 그런 의미를 읽어내는 것은 역시 어법상 무리가 있다.

그렇다면? 한 가지 다른 가능성을 생각해볼 수 있다. 그게, '유교^{有教}'를 '가르침이 있으면'으로, '무류^{無類}'를 '류가 없다 / 없어진다'로 읽는 것이다. 일단 문자 그대로 읽는 것이다. 그래서 가장 정확할 수 있다. 단 이것만으로는 의미가 없다. '교^教'와 '류^類'에 공자다운 철학적 의미가 있어야 한다. 그건 뭘까?

'교^教'는 『논어』 전체의 맥락이나 사용례를 보면 일종의 교화다. 인의예지……등의 가치를 가르쳐 사람다운 사람, 된 사람^{成人}으로 만드는 것이다. 공자는 『논어』에서 그런 뉘앙스로 이 말을 사용한다. '유교^{有教}'의 '유^有'는 유도^{有道}-무도^{無道}의 경우처럼 어떤 상태 내지 경지를 가리킨다. 가르침이 이루어진 '긍정적인' 상태 내지 경지다. 그 결과의 하나가 '무류無類'인 것이다.

'류類'는? 이게 문제다. 이건 무슨 뜻일까. 이것도 하나의 상태 / 경지다. 어떤? 일단 어떤 '부정적인' 상태다. '유교'와 대비되기 때문이다. 그런데 이 말은 애매하기 짝이 없다. 그래서 해석 / 의견이 분분한 것이다. '무류'라는 말만 가지고는 전혀 감이 잡히지 않는다. 역시 해석학적 상황이다. 지금의 사정으로 그가 이 말을 한 당시의 상황을 미루어 짐작할 수밖에 없다. 그게 바로 '부류 즉 끼리끼리'다. 부정적인 의미에서의 '유유상종類類相從'이다. 말하자면 '소아적인 패거리짓기' 그게 바로 '류'인 것이다. 공자는 사람들의 이런 짓거리를 '문제'로 인식하고 '가르침'으로 이를 타파하고 싶어한 것이다. 그런 사회적 분열이 '없기'를 지향한 것이다. 그런 의미에서의 '유교무류', 어찌 명언이 아닐 수 있겠는가.

81

말이 가닿았을 뿐!

● 제15편, 제41장

子曰, "辭達而已矣."

자왈, "사달이이의."

"핑계가 달통했을 뿐이로구나 / 말이 가닿았을 뿐이로구나."*

유명하다. 엄청 짧은 단 한 마디다. 거두절미 문맥도 없다. 그래서 보통 '말은 뜻을 전달하는 것일 뿐이다'라는 취지로 해석된다. 중국에서도 일본에서도 대개는 그렇다.言辭, 足以達意便罷了 / 说话, 只要把意思表达清楚就可以了. 辞は, 達するのみ / 言葉というものは, 内容が通じさえすればいいのだ 그런데 이런 해석은 무리가 있다. 공자는 그런 식의 개념설명을 하지 않기 때문이다. 언어辭의 본질을 논할 특별한 이유도 없다. 그런 건 공자의 철학이 아니다. 대신 다른 가능성이 있다. 두 가지다.

우선 하나는, '사辭'를 핑계로, '달達'을 빠삭함으로 읽는 것이다. 다 사전에 있는 의미다. 그러면 위의 말은 "핑계가 달통했을 뿐이구나"란 뜻이 된다. 세태가 실제 그러함을 공자가 지탄한 것이다. 정작 중요한 일은 하지도 않고 되지도 않는데 그 핑계는 너무나 많다. 너무나 그럴듯하다. 홀딱 넘어갈 정도다. 그래서 '달^{達통}'이라고 한 것이다.

다른 하나는, '사^辭'를 말 내지 표현으로, '달^達'을 도달 / 전달의 의미로 읽는 것이다. 역시 사전에 있는 의미다. 그러면 위의 말은 "말이 가닿았을 뿐이구나"란 뜻이 된다. 2,500년간 전례가 없는 새로운 해석이다. '사^辭'는 의미가 빠진 말뿐인 것이다. 그건 입에서 입으로 전달이 되고 통용이 된다. 그러나 말뿐. 그 말의 의미가 사람들의 진심에 가닿지는 못한다. 그래서 말 따로 행동 / 삶 따로다. 실제로 세태가 그렇다. 공자도 그걸 못 느꼈겠는가. 더욱이 공자는 천금같은 말을 한평생 제자 / 세상을 향해 내뱉었다. 그 진정한 의미가 과연 얼마나 그들의 가슴에 가닿았겠는가. 공자가 인정하고 칭찬한 건 안연 정도였다. 그나마 그는 요절했다. 사람들은 알아들은 척 흉내만 낸다. 말의 본뜻에 대한 고민은 없다. 열심히 암송했으니 '말^辭은' 가닿은^達 것이다. 단, '말만^{而已矣}'이다. (공자를 표방한 조선유학도 대체로 그런 부류였다) 그 자신의 언어행위에 대한 결과가 공자는 실망스럽고 우려스러웠을 것이다. 안타까웠을 것이다. 그게 거두절미하고 이 한 마디로 남아 있는 것이다.

공감 또 공감이다. 한평생 말을 하고 글을 쓴 사람은 이 말에 무릎을 칠 수밖에 없다.

이 두 가지 해석 중 어느 쪽이 진짜 정답인지는 가늠하기 어렵다. 각자의 관심방향에서 선택을 하면 그에게는 그게 정답이 될 것이다.

82

선과 불선, 숨어 삶과 의를 행함

● 제16편, 제11장

孔子曰, "見善如不及, 見不善如探湯. 吾見其人矣, 吾聞其語矣. 隱居以求其志, 行義以達其道. 吾聞其語矣, 未見其人也."

공자왈, "견선여불급, 견불선여탐탕. 오견기인의, 오문기어의. 은거이구기지, 행의이달기도. 오문기어의, 미견기인야."

"선한 것 보기를 미치지 못한 듯이 하고 선하지 못한 것 보기를 끓는 물에 손을 대듯 한다. 나는 그런 사람을 보았고 그런 말도 들었다. 숨어 삶으로써 그 뜻을 구하고 의로움을 행함으로써 그 도에 이른다. 나는 그런 말은 들었으나 그런 사람은 보지 못했다."

이 말의 주제는 '선善 / 불선不善', 그리고 '은거隱居, 숨어 삶 / 행의行義, 의로움을 행함'이다. 좀 더 정확하게는 '구기지求其志, 그 뜻을 구함 / 달기도達其道, 그 도에 다다름'이다. 확실한 공자의 주제 / 관심사이다.

그런데 정확히 말하자면 앞뒤 두 부분으로 나뉜다. 앞부분이 '선 / 불선'이다. 그것에 대한 태도를, 공자는 알기 쉽도록 비유로 말한다. "선한 것 보기를 미치지 못한 듯이 하고 선하지 못한 것 보기를 끓는 물에 손을 대듯 한다"는 것이다. '여불급^{如不及}'과 '여탐탕^{如探湯}'이 멋진 대비가 된다. 미치지 못해 간절히 바라는 것이고, 뜨거운 물에 손을 덴 듯 꺼리는 것이다. 선 / 불선이 눈앞에 있어 보일 때 각각 그렇게 대응하라는 것이다. 그런 건 보기도 했고 듣기도 했으니 가능하다는 말이다.

그러나 뒷부분, 즉 은거함으로써 그 뜻을 추구하고 의를 행함으로써 그 도에 이른다는 건 듣기는 했지만 본 적은 없다는 것이다. 말만 있지 현실은 그러기 어렵다는 취지다. '문어^{聞其語}'와 '견인^{見其人}', 말을 듣는 것과 (실제로 그러한) 사람을 보는 것의 차이를 공자는 이렇게 분명히 한다. 그의 지향하는 바가 만만치 않은 지점에 있다는 것을 공자는 스스로 잘 알고 있었던 셈이다.

오늘날은 사정이 어떨까. '은거이구기지^{隱居以求其志}, 행의이달기도^{行義以達其道}'는 말할 것도 없고 '견선여불급^{見善如不及}, 견불선여탐탕^{見不善如探湯}'조차도 지금은 우리 현실과 거리가 멀 것이다. 공자는 그래도 후자에 대해서는 본 적도 있고 들은 적도 있다고 했으니 지금의 우리보다는 사정이 좀 나았던 모양이다. 아니, 우리시대도 잘 찾아보면 아예 없지는 않은 걸지도 모르겠다.

83

시와 예를 배워야 하는 이유

● 제16편, 제13장

陳亢問於伯魚曰, "子亦有異聞乎?" 對曰, "未也. 嘗獨立, 鯉
趨而過庭. 曰, 學詩乎? 對曰, 未也. 不學詩, 無以言. 鯉退而學
詩. 他日又獨立, 鯉趨而過庭. 曰, 學禮乎? 對曰, 未也. 不學禮,
無以立. 鯉退而學禮." 聞斯二者. 陳亢退而喜曰, "問一得三. 聞
詩, 聞禮, 又聞君子之遠其子也."

진항문어백어왈, "자역유이문호?" 대왈, "미야. 상독립, 리추이과정.
왈, 학시호? 대왈, 미야. 불학시, 무이언. 리퇴이학시. 타일우독립, 리추
이과정. 왈, 학례호? 대왈, 미야. 불학례, 무이립. 리퇴이학례." 문사이
자. 진항퇴이희왈, "문일득삼. 문시, 문례, 우문군자지원기자야."

진항陳亢이 백어伯魚에게 물었다. "당신은 역시 달리 들은 것이 있
겠지요?" 백어가 대답했다. "없습니다. 일찍이 (아버지가) 혼자 서 계
실 때 내가 바삐 뜰을 지나가는데 '시는 배웠느냐?'고 하시기에 '아
직입니다' 했더니 '시를 배우지 않으면 말을 할 수가 없다' 하셨습
니다. 나는 물러나 시를 배웠습니다. 후일 또 홀로 서 계실 때 내가
바삐 뜰을 지나가는데 '예는 배웠느냐?'고 하시기에 '아직입니다'

했더니 '예를 배우지 않으면 설 수가 없다' 하셨습니다. 나는 물러나 예를 배웠습니다. 이 두 가지를 들었습니다." 진항이 물러나와 기뻐하며 말했다. "한 가지를 물어서 세 가지를 얻었다. 시에 대해 들었고 예에 대해 들었으며 또 군자는 자기 자식을 멀리한다는 것을 들었다."

이 단편은 공자와 그 친아들 백어伯魚 = 공리(孔鯉)의 대화를 전하는 희귀한 자료다. 제자인 진항陳亢 = 진자금(陳子禽)에게 감사해야겠다. 진항도 백어가 선생님의 친아들이니 뭔가 특별한 가르침이 있었겠지 생각하고 "당신은 역시 달리 들은 것이 있겠지요?"하고 물어본 것이다. 진항의 기대와는 달리 백어는 "아직 없습니다未也"하고 대답했다. 다만 두 가지를 이야기한다. 아버지인 공자가 자기에게 '시詩'를 배웠는지, '예禮'를 배웠는지, 물어본 적이 있었다는 것이다. 당연히 다른 제자들에게도 같은 말을 했을 것이다.

다만 이 두 가지에 대한 공자의 설명은 흥미롭다. '시를 배우지 않으면 말을 할 수가 없다不學詩, 無以言'는 것이고, '예를 배우지 않으면 설 수가 없다不學禮, 無以立'는 것이다. 공자가 시와 예를 중시-강조한 것은 유명하다. 특히 시에 대해서는 "너희들은 왜 시를 배우지 않느냐? 시는 그로써 깨어 일어날 수 있고 그로써 살필 수 있고 그로써 어울릴 수 있으며 그로써 원망할 수 있다. 또 가깝게는 아버지를 섬기고 멀리로는 임금을 섬기며 새와 짐승과 풀과 나무의 이름도 많이 알게 된다「제17편 제9장」子曰, 小子何莫學夫詩? 詩, 可以興, 可以觀, 可以群, 可以怨, 邇之事父,

遠之事君, 多識於鳥獸草木之名"라고 그 효용을 강조한 적도 있다.

백어는 "물러나 배웠습니다退而學"라고 말했다. '시', '예' 둘 다다. 말을 잘 듣는 착한 아들이었던 모양이다. 백어에게 이 말을 들은 진항의 반응이 재미있다. "한 가지를 물어서 세 가지를 얻었다"는 것이다. 그게 "시에 대해 들었고 예에 대해 들었으며 또 군자는 자기 자식을 멀리한다는 것을 들었다"는 것이다. 시와 예를 강조한 것이야 평소의 진항인들 몰랐겠는가. 그러나 세 번째 것은 아마도 덤이었을 것이다. 아들이라고 특별취급을 하지는 않았다는 것이다. 아마 석가모니 부처도 제자가 된 친아들 라훌라Rāhula에게 그렇게 대했을 것이다. 자식도 부모의 몸 밖으로 나온 후는 이미 독립된 개체다. 스스로의 능력과 노력으로 독립해야 한다. 공자는 훌륭한 모범을 보여준 셈이다.

그러나 오늘날 우리는 어떠한가. 시와 예는, 묻는 부모도 별로 없고 배우려는 자식도 별로 없다. 그리고 자식을 특별 취급하는 부모는 너무 많고 특별 취급을 바라는 자식도 너무 많다.

84

본성은 가깝지만

● 제17편, 제2장

子曰, "性相近也, 習相遠也."

자왈, "성상근야, 습상원야."

"본성으로는 서로 가까우나 익힌 바로는 서로 멀다."

엄청 유명한 말이다. 그러다 보니 이 말의 해석도 가지가지다. 공자의 말은 애당초 그 본의를 제대로 읽기가 쉽지 않은데 이처럼 유명해진 말은 더욱 어렵다. 원래 '아' 다르고 '어' 다른데 사람들이 제각기 자기의 짧은 소견을 공자의 뜻인 양 멋대로 풀어놓고 있기 때문이다. 더욱이 이 말에는 '성性'이라는 것이 등장해 정자程子 주자朱子 등 송대 성리학자들의 해석이 가미됨으로써 더욱 공자의 본의와 멀어지고 말았다. 원점에서 생각해볼 필요가 있다.

여기서 공자는 '성性'과 '습習' 즉 선천적인 것과 후천적인 것을 대비시키고 있다. 물론 우리 인간의 모습이다. 그리고 그 '근近'과 '원遠'을 말하고 있다. '상근'과 '상원'이다. 당연히 사람끼리 / 서로相다.

선천적으로는 서로 가깝다는 것이다. 후천적으로는 서로 멀다는 것이다. 원래 가까운데 즉 엇비슷한데 살아가면서 여러 가지가 달라지면서 서로 멀어진다는 말이다. 본성은 서로 가까운데 습성은 서로 멀다는 말이다. 본성에 대해서는 기본적인 신뢰가 있다. 습성에 대해서는 회의가 느껴진다. 아마도 이 거리遠를 좁히고 싶은 것이 공자의 발언의도일 것이다. 그렇지 않다면 굳이 이런 말을 남길 이유가 없다. 그는 단순한 이론가가 아니기 때문이다.[4]

거리를 좁힌다? 어떻게? 아마도 '습習' 그 자체에 답이 있을 것이다. '학이시습지'의 그 '습'이다. 익히는 것이다. 배움學이 전제돼 있다. 그것을 익숙한 습관으로 즉 인품으로 완성하는 것이다. 그래서 그 차이를 좁히는 것이다. 어떻게? '본성에 가깝게' 좁히는 것이다. 결국 '인간답게'다. 본성에 대한 공자의 신뢰가 이 말의 바탕에서 느껴진다.[5]

---

4 꼭 '성(性)'까지는 아니더라도 예컨대 어린시절 혹은 학창시절 비슷비슷했던 (近) 친구들을 세월이 지나 오랜만에 다시 만나보면 그 세월(習, 습)을 거치면서 엄청나게 달라진(遠) 모습을 발견하게 된다. 그 차이가 공자의 이 지적과 아주 무관하지는 않을 것이다. 그 차이 / 거리(遠)를 좁히고 싶은 지향이 공자의 이 발언의 밑바닥에 깔려 있다고 짐작된다.

5 물론 순자(荀子) 식으로 생각하면 정반대의 해석도 또한 가능하다. 성이 부정적 습이 긍정적일 수도 있는 것이다. 본성은 악한데 교육이 긍정적인 습을 만들 수도 있다는 말이다. 물론 공자가 이런 뜻으로 이 말을 했을 가능성은 거의 없다.

85

일관됨

● 제17편, 제3장

子曰, "唯上知與下愚不移."
자왈, "유상지여하우불이."

"오직 아주 지혜로운 자와 아주 어리석은 자만이 옮겨가지 않는
다."*

짧은 한 마디다. 그러나 그 의미는 간단하지 않다. 실제로 해석
도 좀 구구하다. 말의 핵심은 '불이不移'다. 옮기지 않는다는 것이다.
'옮긴다移'는 건 무슨 뜻인가. 정자 주자 등 성리학자는 이 '이移'를 선
을 향해 나아가는 추이推移로 본다……雖昏愚之至, 皆可漸磨而進也……. 그러나
'상지上知'와 '하우下愚' 모두에 대해 '불이不移'를 말하고 있으므로 이런
갈고 닦아 나아가지 않는다는 성리학식 해석은 선뜻 수긍하기 어렵다.

그래서 원점에서 생각해볼 필요가 있다. '불이不移'의 당사자
는 상지上知와 하우下愚다. 지혜로운 자와 어리석은 자다. 더욱이 '상'
과 '하'이니 양쪽 다 극단적인 경우다. 이들이 '불이'라는 것이다. 그

러니 상지, 하우 즉 극단적인 경우가 아니면 '이移' 즉 옮긴다는 것이다. 그럼 어느 정도 감이 잡힌다. 변화하는 / 달라지는 것이다. 단, '이移'를 선을 향해 나아가는 그런 변화-발전으로 보는 건 어색하다. 그렇게 본다면 '이移' 자체는 긍정적인 것인데 '불이'를 말한다면 '상지'에게 이를 적용하기가 곤란해지기 때문이다. 하우는 그렇다 쳐도 상지는 최고에 도달해서 더 이상 발전이 필요 없다? 그래도 좀 억지스럽다.

그래서다. 이 '이移'를 '생각 / 입장 / 태도를 바꿈'으로 읽어보는 것이다. 사람이 '달라지는 것'이다. '불이'는 '불역不易' 내지 '불변'과 통한다. 그러면 '불이'는 바뀌지 않음이니 '일관되다'는 뜻이 된다. "일이관지「제15편 제3장」 吾道一以貫之"의 그 일관이다. 그러면 이 '불이'는 상지에게도 하우에게도 해당된다. 지혜로운 자는 말할 것도 없고 어리석은 자도 극단적인 경우즉 상지 / 하우는 절대 '자기소신 / 태도 / 입장'를 바꾸지 않기 때문이다. 일관성, 즉 일종의 '똥고집'이 있다. 물론 같은 '불이'라도 전자上知는 긍정적, 후자下愚는 부정적인 의미다. 그렇게 극단적이 아니면 바꿀 / 바뀔 가능성이 있다는 말이기도 하다. 공자는 그걸 꿰뚫어본 것이다. 참으로 날카로운 통찰이 아닐 수 없다. 2.0도 넘을 놀라운 눈이다.

86

닭 잡는 데 소 잡는 칼을

● 제17편, 제4장

子之武城, 聞弦歌之聲. 夫子莞爾而笑曰, "割雞焉用牛刀?" 子
游對曰, "昔者偃也聞諸夫子曰, '君子學道則愛人, 小人學道則易
使也.'" 子曰, "二三者! 偃之言是也. 前言戲之耳."

자지무성, 문현가지성. 부자완이이소왈, "할계언용우도?" 자유대
왈, "석자언야문저부자왈, '군자학도즉애인, 소인학도즉이사야.'" 자왈,
"이삼자! 언지언시야. 전언희지이."

선생님께서 무성武城에 가셔서 현악기 타며 노래하는 소리를 들
으셨다. 선생님께서 빙그레 웃으시며 말씀하셨다. "닭을 잡는 데
어찌 소 잡는 칼을 쓰느냐?" 자유子游가 대답했다. "전에 제가 선생
님께 듣기로 '군자가 도를 배우면 사람을 사랑하고 소인이 도를 배
우면 부리기가 쉽다'고 하셨습니다."……말씀하셨다. "얘들아, 언偃
의 말이 맞다. 아까 내가 한 말은 우스개였을 뿐이다."

제자 자유子游와 공자의 대화다. 공자의 인간적인 면모를 보여

주는 희귀한 장면의 하나다. 드물게 그가 '농담戱之'을 하고 있기 때문이다.

자유가 읍재邑宰로 있던 노나라 변경의 한 조그만 성읍 무성武城에 갔을 때의 장면이다. 거기서 '현악기 타며 노래하는 소리弦歌之聲'를 듣고 "닭을 잡는 데 어찌 소 잡는 칼을 쓰느냐割雞焉用牛刀?"는 말을 한 것이다. 무성은 쬐그만 동네인데 '현가지성弦歌之聲'은 아마 큰 나라에서 연주하는 격식을 갖춘 음악이었던 것 같다. 배경의 규모에 어울리지 않는 거창한 음악이라는 말이다. 사자성어로도 유명해진 이 '할계우도割鷄牛刀'라는 비유는 재미있다. 그 의미도 곧바로 이해된다. 읍재인 자유는 자기 근무지인 만큼 이 말에 좀 발끈했을 것이다. 혹은 섭섭했을 것이다. 그래서 이런 항변'군자가 도를 배우면 사람을 사랑하고 소인이 도를 배우면 부리기가 쉽다'고 하시지 않았습니까을 한 것이다. 공자가 했던 말을 상기시키는 그 항변이 문맥에 꼭 적합한지는 좀 의문이지만 굳이 갖다 붙이자면 '현가지성'을 연주하는 큰나라는 군자, 작은 고을인 무성은 소인, 그렇게 간주된다. 군자든 소인이든 '학도學道, 도를 배움'는 공통이다. 그 결과 내지 효과가 '애인愛人, 남을 사랑함'이든 '이사易使, 부리기 쉬움'이든 나름의 의미가 있지 않느냐는 항변이다. 말이 안 되는 건 아니다. 자유도 나름 공자의 제자가 아니던가! 공자가 한방 먹은 것이다.

그 대응이 바로 이거다. 공자는 곧바로 그 항변을 수용해 받아들인다. "얘들아, 언偃의 말이 맞다. 아까 내가 한 말은 우스개였을 뿐이다." 농담이었다는 것이다. 자유가 주의를 환기시킨 대로 '학도學道, 도를 배움'는 어디서나 의미있다는 걸 인정한 것이다. 음악도 학도의 일환인 셈이다. 그 장소가 오페라하우스이든 동네 카페든 나름의 의미는 공통이라는 말이다.

하기야 공자 같은 세계적 석학이 동네문화센터 같은 데서 시민 대상 특강을 했다고 그게 무슨 흠이 되겠는가. 소 잡는 칼로 닭을 잡으면 안 된다는 법은 없다. 닭도 맛있고 영양가 있다. 소고기보다 닭고기를 더 좋아하는 사람도 있다. 그리고 그 시골이나 동네에 제대로 알아듣는 진짜 실력자가 없으란 법도 없다.

공자 본인이 '빙그레 웃었던莞爾而笑' 것처럼, 우리도 이 장면을 보며 빙그레 웃게 된다.

87

덕의 도적

● 제17편, 제13장

子曰, "鄕愿, 德之賊也."

자왈, "향원, 덕지적야."

"군자연하는 사이비 유지는 덕의 도적이다."

일반인들에겐 꼭 그렇지도 않지만 공자, 논어, 유학, 이쪽 전문가들 사이에선 엄청 유명한 말이다. 짧은 한 마디지만 이 말의 이해는 그렇게 간단하지 않다. 공자가 "덕의 적賊, 덕을 해치는 자"이라고 대놓고 비판하는 이 '향원鄕愿'이란 존재가 도대체 어떤 자인지 명확하지 않기 때문이다. 자세히 논하자면 너무 길어지므로 그 핵심만 짚어보는 수밖에 없다.

원래 향원이란 '시골에서 주위로부터 근후하다는 평을 듣는, 대인관계가 두루 원만하고 부드러운 사람', '일정 지역에서 도덕적 삶의 모범으로 칭송받는 독실한 인물'을 의미했던 듯하다. 그런데 실제로는 '촌락의 토호로서 겉으로는 선량한 척하면서 환곡이나 공물을 중간에서 가로채는 따위의 일을 하며 수령을 속이고 양민을 괴롭혔던 인물'이었던 모양이다.

공자 당시와 비교적 가까웠던 시대^{약 180년 후}의 맹자는 이렇게 말했다. "(향원은 일정 지역에서 도덕적 삶의 모범으로 칭송받는 독실한 인물이었던 만큼) 비판하려 해도 꼬집을 데가 없고 비난하려 해도 나무랄 데가 없다. 그처럼 속된 무리의 논리에 동화하고 세속의 부패에 화합하고 있는지라, 그 처신은 충직하고 신실한 것 같고^{似忠信} 그 행실은 염치 있고 고결한 것 같아^{似廉潔} 뭇 사람들이 다 그를 환호한다. 그러나 그는 늘 그 자신이 옳다고 여기며^{自以爲是} 세상에 도^道를 실현하는 데에는 아무 관심이 없기 때문에 '덕의 도적'인 것이다."

이 말을 어느 정도 신뢰할 수 있다면, '향원'이란 군자연하는, 말하자면 사이비 군자인 셈이다. 이런 존재는 덕있는 훌륭한 사람, 도덕적 삶의 모범이기는커녕 오히려 그 덕을 왜곡시키므로 덕을 해치는 자^{德之賊}라는 것이다. (훔치는 도둑이 아닌 해치는 도적이다)

공자는 이런 자의 정체를 날카롭게 꿰뚫어봤던 셈이다. 속지 않는 눈을 가지고 있었던 셈이다. 그런 존재가 어디 그때 그곳에만 있었겠는가. 지금 여기도 그런 존재는 우리 아주 가까이에 득시글거린다. 소위 지식인 중에 특히 많다. 자기 이미지 관리에 특히 능해서 스스로 군자연하며 실제로 사람들의 환호를 받기도 한다. "늘 그 스스로 옳다고 여기며^{自以爲是} 세상에 도^道를 실현하는 데에는 아무 관심이 없다"는 맹자의 지적은 실로 날카롭다. 이런 말을 들으면 우리는 곧바로 누군가를 연상한다.

참고삼아 '향원'에 대한 율곡 이이의 말을 소개해둔다. 조선에

도 이런 자가 많았던 모양이다.

　"탐관오리나 아첨꾼은 소인의 전형으로서 누구나 어렵지 않게 간파할 수 있겠으나, 유독 사이비似而非한 인물만은 그 실체를 알아보기가 쉽지 않다. 낯빛은 근엄하고 입은 옳은 소리만 하는지라 자태와 언행이 참된 군자의 그것과 닮아 있고似, 근후謹厚하여 꼬집어 비난할 데가 없는지라 온전하고 허물이 없는 군자의 행실과 비슷하기似 때문이다. 그렇기 때문에 성현聖賢은 그러한 인물을 더욱 깊이 경계했던 것인 바, 음험하게 세상에 아부하면서도 항상 자기가 옳다고 주장하며自以爲是 속된 무리와 한 패가 되어 무사안일과 저열한 적당주의에 안주함으로써, 결국은 이상적 개혁을 실현하려는 선비行道之士의 앞길을 저지·방해하고 나아가 참된 학문의 진로를 두절시켜 이단의 혹세무민보다 (국가 사회에) 더욱 심대한 해악을 끼치고 있는 인물이 다름 아닌 향원이다."『성학집요(聖學輯要)』

88

난감한 노릇이다!

● 제17편, 제22장

子曰, "飽食終日, 無所用心, 難矣哉! 不有博奕者乎? 爲之猶賢乎已."

자왈, "포식종일, 무소용심, 난의재! 불유박혁자호? 위지유현호이."

"종일 배불리 먹고 마음 쓸 곳이 없다면 난감한 노릇이다. 장기나 바둑이라도 있지 않느냐? 그것이라도 하는 게 오히려 나을 것이다."

우리가 아는 공자의 다른 유명한 말들과 비교하면 이 말은 좀 특이하다. 이른바 인의예지仁義禮智 같은 소위 공자표 가치들이 여기서는 등장하지 않는다. 그러나 잘 알려진 말 "하루 종일 모여 앉아서도 화제가 의로움에 이르지 않고 조그마한 지혜나 구사하기를 좋아한다면 참으로 난감한 노릇이다"「제15편 제17장」群居終日, 言不及義, 好行小慧, 難矣哉!와 말의 구조가 거의 같은 걸 보면 공자 본인의 말인 건 확실해 보인다.

단, 여기서는 '군거群居' 대신 '포식飽食'을, '언불급의 호행소혜'

대신 '무소용심無所用心'을 나무란다. "난감한 노릇이다難矣哉"라고 나무라는 건 공통이다. "장기나 바둑이라도……하는 게 나을 것이다"라는 건 흥미롭다. 현대 같으면 가벼운 농담 삼아 공자가 '오락'의 가치를 일찌감치 내다본 선견지명이 있었다고 호들갑을 떨만한 발언이다. 장기 / 바둑博奕 애호가들은 특히 반가울 것이다.

단, 역시 가벼운 농담 삼아 말하자면, '무소용심無所用心'을 비판한 건 우리 시대 현대와는 좀 맞지 않는다. '구닥다리'라고 흉을 보아도 공자는 할 말 없을 것이다. 요즘은 '아무것도 마음쓰지 않는 것' 심지어 '멍 때리기'의 정신의학적 효용 같은 것도 알려져 있기 때문이다. 아니, 그것도 어쩌면 '용심'의 일종일까?

물론 그런 차원에서 이 발언을 재단할 수는 없다. 뭔가 '의미있는 것'에 마음 쓰라用心고 공자는 요구하는 것이다. 이 발언은 진지한 『논어』 읽기의 쉼표 정도로 가볍게 읽는 것은 어떨까.

89

군자가 미워하는 것

● 제17편, 제24장

子貢曰, "君子亦有惡乎?" 子曰, "有惡. 惡稱人之惡者. 惡居下流而訕上者. 惡勇而無禮者. 惡果敢而窒者." 曰, "賜也亦有惡乎. 惡徼以爲知者. 惡不孫以爲勇者. 惡訐以爲直者."

자공왈, "군자역유오호?" 자왈, "유오. 오칭인지악자. 오거하류이산상자. 오용이무례자. 오과감이질자." 왈, "사야역유오호. 오요이위지자. 오불손이위용자. 오알이위직자."

자공子貢이 말했다. "군자도 역시 미워하는 것이 있습니까?"……말씀하셨다. "미워하는 것이 있다. 남의 나쁜 점을 들추는 자를 미워하며 속된 경지에 처해 있으면서 높은 경지를 비방하는 자를 미워하며 용기만 있고 무례한 자를 미워하며 과감하지만 막힌 자를 미워한다." 자공이 말했다. "저도 역시 미워하는 것이 있습니다. 몇 마디 주워들은 것으로 지혜로운 체하는 자를 미워하며 불손한 것으로 용기 있는 체하는 자를 미워하며 폭로하는 것으로 곧은 체하는 자를 미워합니다."

이 대화의 주제는 '군자'다. 자공이 공자에게 '군자도 싫어하는 것^惡이 있느냐'고 묻는다. 곁에 있던 자공이 고맙게도 흥미로운 질문을 (우리 대신) 해준 것이다. 그 대답은 "있다^{有惡}"는 것이다.

그 내용이 네 가지다. ① 남의 나쁜 점을 들추는 자^{稱人之惡者} ② 속된 경지에 처해 있으면서 높은 경지를 비방하는 자^{居下流而訕上者} ③ 용기 있지만 무례한 자^{勇而無禮者} ④ 과감하지만 막힌 자^{果敢而窒者}. 굳이 설명도 필요 없이 곧바로 이해된다. 누구든 듣자마자 머리에 떠오르는 누군가가 있을 것이다. 지극히 구체적이고 현실적이다.

자공도 공자의 제자답게 자신의 의견을 추가한다. 세 가지다. ① 몇 마디 주워들은 것으로 지혜로운 체하는 자 ② 불손한 것으로 용기 있는 체하는 자 ③ 폭로하는 것으로 곧은 체하는 자, 등이다. 동서고금을 막론하고 이런 자들이 꼭 있다는 게 참 신기할 지경이다. 이런 자들에 대해 미운 마음이 드는지 어떤지 우리 자신을 한번 점검해보기로 하자. 이게 곧 군자의 한 조건이기도 하기 때문이다.

90

공자에 대한 평가

● 제19편, 제24장

叔孫武叔語大夫於朝曰, "子貢賢於仲尼." 子服景伯以告子貢.
子貢曰, "譬之宮牆, 賜之牆也及肩, 闚見室家之好. 夫子之牆數
仞, 不得其門而入, 不見宗廟之美, 百官之富. 得其門者或寡矣.
夫子之云, 不亦宜乎!"

숙손무숙어대부어조왈, "자공현어중니." 자복경백이고자공. 자공
왈, "비지궁장, 사지장야급견, 규견실가지호. 부자시장수인, 부득기문
이입, 불견종묘지미, 백관지부. 득기문자혹과의. 부자지운, 불역의호."

숙손무숙叔孫武叔이 조정에서 대부들에게 말했다. "자공이 중니
仲尼보다 더 낫습니다." 자복경백子服景伯이 그 일을 자공에게 고하자
자공이 말했다. "궁궐의 담장에 비유하여 말하면 나의 담장은 어깨
정도에 이르러 궐내闕內의 온갖 좋은 것이 다 들여다보이지만 선생
님의 담장은 몇 길이나 되어 한없이 높아 그 문을 찾아서 들어가지 않으
면 그 종묘의 아름다움과 백관의 많음을 보지 못합니다. 그 문을 찾
아내는 자가 아마 적을 것이니 그분께서 그렇게 말씀하시는 것도
또한 당연하지 않겠습니까?"

● 제19편, 제25장

叔孫武叔毀仲尼. 子貢曰, "無以爲也! 仲尼不可毀也. 他人之
賢者, 丘陵也, 猶可踰也, 仲尼, 日月也, 無得而踰焉. 人雖欲自
絶, 其何傷於日月乎? 多見其不知量也."

숙손무숙훼중니. 자공왈, "무이위야! 중니불가훼야. 타인지현자, 구
릉야, 유가유야, 중니, 일월야, 무득이유언. 인수욕자절, 기하상어일월
호? 다견기부지량야."

숙손무숙叔孫武叔이 중니仲尼를 헐뜯자 자공이 말했다. "소용없는
짓이다. 중니는 헐뜯을 수 없다. 다른 사람의 훌륭함이란 언덕과 같
아서 그래도 넘을 수 있지만 중니는 해나 달과 같아서 도저히 넘을
수가 없다. 사람이 비록 제 스스로 해나 달과의 관계를 끊으려 하더
라도 그것이 해나 달에게 무슨 손상을 입힐 수 있겠는가? 다만 자
신의 식견 없음만 드러낼 뿐이다."

● 제19편, 제26장

陳子禽謂子貢曰, "子爲恭也, 仲尼豈賢於子乎?" 子貢曰, "君子
一言以爲知, 一言以爲不知, 言不可不愼也. 夫子之不可及也, 猶
天之不可階而升也. 夫子之得邦家者, 所謂立之斯立, 道之斯行,
綏之斯來, 動之斯和. 其生也榮, 其死也哀, 如之何其可及也?"

진자금위자공왈, "자위공야, 중니기현어자호?" 자공왈, "군자일언
이위지, 일언이위부지, 언불가불신야. 부자지불가급야, 유천지불가계
이승야. 부자지득방가자, 소위립지사립, 도지사행, 수지사래, 동지사

화. 기생야영, 기사야애, 여지하기가급야?"

진자금陳子禽이 자공에게 말했다. "당신은 공손하십니다. 중니仲
尼가 어떻게 당신보다 더 낫겠습니까?" 자공이 말했다. "군자는 한
마디로 지혜로워지기도 하고 한 마디로 지혜롭지 못해지기도 하니
말이란 불가불 신중히 해야 하오. 선생님께 미칠 수 없는 것은 마치
사다리를 타고 하늘에 올라갈 수 없는 것과 같소. 선생님께서 나라
나 대부의 가문家를 맡으셨다면 이른바 세우면 곧 서고 이끌면 곧
가고 편안케 하면 곧 모여오고 움직이면 곧 조화되었을 것이오. 그
분의 삶은 영광스러웠고 그분의 죽음은 슬펐소. 어떻게 그분에 미
칠 수 있겠소?"

제자 자공子貢의 발언이다. 물론 스승 공자에 대한 발언이다. 19
「자장」편은 특이하게도 공자의 발언이 없다. 주로 자장, 자하, 자
유, 증자, 자공 등 제자의 발언으로 구성되어 있다. 그럼에도, 『논
어』의 사실상 대미를 장식하는 위의 단편들에서 우리는 자공의 감
동적인 발언을 통해 그에게 깊이 아로새겨진 공자의 위대한 모습을
유추해 볼 수 있다. 여기서 자공은 스승 공자를 '안을 들여다볼 수
없는 몇 길이나 되는 드높은 담장牆數仞', '넘을 수 없는 해와 달日月也, 無
得而踰焉', '사다리로 오를 수 없는 하늘猶天之不可階而升也'에 비유하고 있다.
대단한 존경이다. '그분의 삶은 영광스러웠고 그분의 죽음은 슬펐
소其生也榮, 其死也哀'라는 말은 한 사람에 대한 평가로서 가히 압권이라

고 말할 수 있겠다. 공자는 그런 사람이었다. 그런 사람을 우리는 보통 위인이라고 부른다.

551(1세)　　　　노魯나라의 대부이자 무사였던 아버지 숙량흘叔梁紇과 어머니
　　　　　　　　안징재顏徵在 사이에서 혼외 서자로 탄생. 난곳은 곡부曲阜 인
　　　　　　　　근 창평향昌平鄕 추읍郰邑. 이름은 구丘. 자는 중니仲尼. 당시 숙
　　　　　　　　량흘은 60대 후반이었고 안징재는 16세의 소녀였음.

549(3세)　　　　아버지 별세.

537(15세)　　　학문에 뜻을 둠.

535(17세)　　　어머니 별세.

533(19세)　　　송인宋人 기관亓官, 혹은 올관(兀官) 혹은 병관(幷官) 씨의 딸과 결혼.

532(20세)　　　아들 리鯉 출생. 위리委吏창고관리자로 일을 시작함. 이듬해 승전
　　　　　　　　리乘田吏, 가축관리자.

525(27세)　　　담郯나라 군주를 찾아가 고대 관제官制에 대해 들음.

522(30세)　　　'섰다'고 표현되는 '입신'의 경지에 이름. 자로, 증점, 염백우,
　　　　　　　　염구, 중궁 등의 제자를 가르치기 시작함. 종노의 죽음을 조
　　　　　　　　상하려는 금뇌琴牢를 비난. 정나라 집정 자산이 죽자 눈물을
　　　　　　　　흘림.

518(34세)　　　노나라 대부 맹희자孟僖子가 죽으면서 맹의자 남궁경숙 등 두
　　　　　　　　아들에게 공자를 스승으로 모시고 예를 배우도록 당부함.

517(35세)　　　노나라에 내란이 일어남. 노소공(魯昭公), 계평자(季平子) 제거 정변 실패로
　　　　　　　　망명을 떠남 이에 공자는 제齊나라로 가서 경공景公을 만남. 순舜
　　　　　　　　의 음악인 소韶를 듣고 심취함.

515(37세)　　　노나라로 돌아옴. 이후 제자 교육에 힘씀.

512(40세)　　　'불혹'의 경지에 이름.

504(48세)　　　계씨季氏의 가신인 양호陽虎가 권력을 전횡하여, 공자는 벼슬
　　　　　　　　하지 않고 시서예악을 닦으며 제자 지도에 힘씀.

502(50세)　　　'천명'을 알게 됨. 계씨가의 가신이었고 비읍費邑의 읍재였던
　　　　　　　　공산불뉴公山不狃가 공자를 부르나 가지 않음. 양호가 삼환三
　　　　　　　　桓, 맹손(孟孫), 숙손(叔孫), 계손(季孫) 세 가문마저 제거하려다 역공을
　　　　　　　　당해 진晉나라로 망명함.

501(51세)　　　처음 벼슬을 하여 노나라 중도재中都宰가 됨.

500(52세)	노정공魯定公을 도와 제경공齊景公과 평화협정을 맺음. 사공司空이 됨. 뒤이어 대사구大司寇로 승진함.
498(54세)	자로子路, 삼환의 세력을 약화시키기 위해 세 도성을 허무는 조치를 취함.
497(55세)	노나라를 떠나 위衛나라로 감. 주유열국의 시작.
496(56세)	광匡 땅에서 양호로 오인 받아 수난을 당함. 필힐佛肹이 부르나 가지 않음.
495(57세)	위나라 영공靈公을 만나 벼슬하고 영공의 부인 남자南子를 만남.
494(58세)	벼슬을 그만두고 위나라를 떠남.
492(60세)	'이순'의 경지에 이름. 조曹나라를 거쳐 송宋나라로 가다가 환퇴桓魋에게 수난을 당함.
490(62세)	진나라에서 채나라로 감. 섭공을 만남.
489(63세)	진陳나라, 채蔡나라, 섭葉나라, 초楚나라를 거쳐 위나라로 돌아감.
488(64세)	다시 위나라에 벼슬함.

487(65세)	채나라에서 위나라로 가서 공문자를 도움.
485(67세)	부인 별세.
484(68세)	노나라 계강자季康子가 공자를 부르자 14년 만에 고국 노나라로 돌아감. 이후 유약, 증삼, 자하, 자장 등의 제자를 가르침.
483(69세)	벼슬하지 않고 제자들을 지도하거나 고대 문헌 정리에 전념함. 아들 리 49세로 별세.
482(70세)	'종심소욕불유구'의 경지에 이름.
481(71세)	수제자인 안회顔回 41세로 별세. 크게 상심함. 제나라 진항陳恒이 임금을 시해하자 노나라 임금에게 토벌을 주장하나 실현되지 않음. 노나라 서쪽에서 기린이 사로잡히자 낙심하여 『춘추』 저작을 절필함.
480(72세)	자로, 62세로 위나라 난리에 별세.
479(73세)	4월, 세상을 떠남. 노나라 성 북쪽 사수泗水 가에 묻힘.

미국 Texas Houston Hermann Park Confucius Plaza의 공자상

＊ 북경대 김주창 박사 제공.

공자 출생지 니구산의 세계 최대(72m) 공자상

▶ 니구산

◀ 공자 출생지로 알려진
부자동(夫子洞)

▲ 공자 출생지 (옛 창평향)의 공자 사당

▼ 공자 만년의 강학장소로 알려진 수사서원

공자 모친 안징재 상

곡부 공림의 공자묘

공자 사당의 제왕 취급 공자상과 위패

천안문 공자상

공자 사당의 제왕 취급 공자상과 위패

천안문 공자상

来自文在寅的—**慰藉**

THEHUMAN

这不是结束，而是开始。

我们会更加频繁地对话，更加深入地交流。

致中国读者：

一直以来，平山书房迎来了众多中国读者，既有留学生和游客，也有结伴而来的团体与家庭。承蒙大家厚爱，我的自传《文在寅的命运》中文版一直在平山书房的畅销书榜单上名列前茅。

平山书房坐落于交通极为不便的乡村僻壤，却吸引了远道而来的中国朋友，让我深感荣幸与感激。同时，感谢大家对我的人生故事，以及我与卢武铉前总统共同经历的关注与共鸣。

回首过往，我的人生充满了起伏与波折。虽然有过辉煌的时刻，但更多的是失败、挫折和刻骨铭心的苦难。《文在寅的命运》记录了我从贫苦的避难童年到与卢武铉总统永别为止的生命历程。这本书得到了许多读者的喜爱，销量突破数十万册。尤其在我2012年当选国会议员以及参加总统竞选时，这本书帮助许多人深入了解了我。

《来自文在寅的慰藉》是《命运》的续篇，汇集了我在人生低谷时的思考与心灵独白。这些话既是对我本人的慰藉，也是向身处同一时代、同样有痛感的青年们传递的人生感言。韩文版出版后，受到许多人的喜爱，甚至还出现了手抄版本，成为一些读者的珍藏——这让我深感欣慰。

如今，中文版即将问世，对此我由衷地感到高兴。虽然国情和社会体制不同，但青春的本质是相通的：希望、热情、不懈的挑战，以及永不言弃的精神。即使跌倒，也要拍去尘土重新站起；只要今天不放弃，明天一定会有所不同——热情和努力从不会辜负任何人。

真诚地希望这本书能成为中国读者的一份珍贵礼物，也祝愿两国人民之间的文化交流与友谊更上一层楼。

本书的中文版得以面世，要特别感谢译者王艳丽老师的精心翻译，同时也要感谢The Human出版社的策划与出版支持，在此致以诚挚的谢意。

文在寅

2025.1.15

序言
—以给二十岁的自己写信的心境

青春是充满痛楚的。尽管如此，我们甚至没有空闲去说一声"真的很痛，太累了"。因为必须要咬牙踏过这些痛楚，因为始终要继续负重前行。青春的道路上布满了沉重的障碍，每前进一步都需要我们徒手去移除。因此，我们既没有时间去细数伤痕，也无力诉说疲惫。不过，这绝非青春本身的问题，而是整个社会和政治体系的责任。

我渴望与青春促膝而坐，轻拍它的肩膀，轻声给予它慰藉。尽管青春充满了痛楚，但我仍然希望它能意识到——此刻掌握在自己手中的，是多么宝贵的财富。我想给予它一些中肯的建议，也想将希望交付于它。我愿意坦诚地分享我的经历，哪怕只是在它人生的旅途中点亮一盏微光。我还想拜托青春，去实现那些我年轻时未能完成的梦想。

怀着这样的心境，我撰写了这本小小的册子。这些文字，宛如一封写给二十岁的文在寅的信件。我多么希望能与更多的年轻人面对面彻夜长谈，聆听他们的故事，同时分享我的经历——这个愿望暂时就寄托在这本书中吧。

书成之际，我要特别感谢文案作家郑喆先生，是他欣然接下了整理资料和照片的任务，并为此倾注了大量精力。

当然，这本书不是终点，而是新的起点。在今后的日子里，我将致力于与年轻人进行更多的对话，展开更深入的交流。

愿自己成为始终与青春同频共振的人生前辈——文在寅。

文在寅
2012.1.8

目录

第一章 —— 叩响新春之门

第二章 —— **真正的幸福之梦**

第三章 —— 以人为本

第四章 —— 偶尔偏离又如何

第五章 —— 清醒的公民

第六章 —— 我们要构建的世界

叩响新春之门

有时，眼前的门紧紧关上，似乎再也打不开。这时不要灰心。

后退一步回头看，或许侧目一望，你会发现，另一扇门正在悄然开启。

在我们每个人的口袋里，或许都藏着比想象中更多的钥匙，

能够打开人生之路上不同的门。

· · · · · ·

一扇门关闭，另一扇门就会打开

"打开一扇门。"

这是一场座谈会的口号。由于我姓文*，所以竞选团队使用了这一口号。我想，这句话的含义可能是要深刻剖析文在寅这个人吧，当然也有"开启新篇章"的积极寓意，因此我本人很喜欢这句口号。

不过，如果提到"门"，我其实更想分享一句话：

"一扇门关闭，另一扇门就会打开。"

人生，是·个不断穿越无数扇门的过程。在我们走到生命尽头之前，总是需要不断前行，每一次的前进都伴随着一扇新门的开启。然而有时候，我们会遇到眼前的门被牢牢关上，怎么也打不开的情况。这时请不要灰心。后退一步回头看，或许侧目一望，你就会发现，另一扇门正在悄然开启。

在我们每个人的口袋里，或许都藏着比想象中更多的钥匙，能够打开人生之路上不同的门。

---

* 韩语中"门"和"文"是同字—译者

像复盘围棋一样，"复盘"我们的过往人生

"复盘"是围棋术语，指的是一局棋下完之后，回过头来重新摆一遍棋局，分析哪些棋步是正确的，哪些棋步存在问题。围棋高手们常常建议，每局棋结束后都要进行复盘，因为通过复盘，才能避免重蹈覆辙。据说，复盘的过程比实际对局更能提升棋艺。换句话说，复盘是围棋中最有效的学习方式。

那么人生呢？在我们人生的关键时刻，胜利或失败，每一场"决斗"结束后，我们是否也会进行复盘？我做错了什么？哪些是我成功的原因？在这些问题上，我们是否能随时自问，并从自己做出的每一个决定中汲取教训？事实上，"复盘"也是人生中最有效的学习方式。

如果人生比围棋更重要，如果你觉得人生比围棋重要数百倍、数千倍，那么就应该比复盘围棋付出百倍、千倍的努力，去复盘我们的过往人生。

茗茶一杯品"中正"

父亲"49日祭"后的第二天，我来到了位于全南海南市的大兴寺。大兴寺内的大光明殿，那片宁静的庵堂，曾是我埋头苦读，备考的地方。每当学习感到疲惫时，我就会去攀登大兴寺周围的头轮山。偶尔停下脚步，静静享受禅师赠送的茶汤，品味那份温润的甘香，同时整理纷乱的思绪。

奠定韩国茶道基础的草衣禅师，曾将茶的精神归结为"中正"二字。"中"代表恰如其分，适度，"正"则意味着端正，正直。简而言之，"中正"就是追求合适，适当与正当。

那时所学习的茶道，逐渐成了我生活中的良友。无论内心如何纷扰，或是身心如何疲惫，一杯茶入肚，仿佛能瞬间让心灵归于宁静，恢复清明。而正是在这一刻我开始反思，自己是否也走在践行"中正" 的道路上。

常言道，人生是一场与自己的较量。在这场与自我的斗争中，如何保持内心的平衡，如何避免迷失与崩溃？今天，我依旧在茶香中品味"中正"，在那份温和醇香的茶意中，寻找内心的安宁与从容。

像在喜马拉雅山行走般，慢一点，再慢一点

攀登像喜马拉雅这样高耸的山峰时，需要特别小心高原反应。当海拔超过3000米时，可能会出现头痛，呕吐，腹泻等极为难受的症状。而据说，这种高原反应在韩国人中尤为常见，这与韩国人特有的"快点快点"文化息息相关。在爬山时，他们也往往只顾着追求速度与高度。即便身体已经不堪重负，本该下撤休息，却仍然咬紧牙关，硬撑着继续攀登，结果往往是自讨苦吃。

想要尽量避免高原反应，最有效的方法便是"喜马拉雅慢步"。放缓脚步，细细欣赏周围的美景，以极为缓慢的节奏前行，给自己的身体足够的时间去适应周围的环境。

无论是爬山还是人生，若能享受过程，慢慢前行，就不容易出现种种"副作用"。与其急于到达顶峰，不如先欣赏眼前的风景，感受每一步的旅程。问问自己：身体和心灵是否已经准备好迎接当前的挑战？ 如果感到疲惫，就应适时休息。

只有学会在旅途中适时休憩，我们才能攀得更高，行得更远。

精彩变化的开始

在印度的拉达克和尼泊尔进行徒步旅行时，我积累了许多宝贵的经历。其中最有趣的一次经历是我留起了胡子。其实，我并不是特意去留胡子，而是因为很长时间没有刮胡子，结果下巴上的胡须自然地长了出来，甚至连鬓角都被胡茬覆盖了。当我看向镜中的自己时，突然觉得自己像是印度常见的修行者。我望着那蓬松的胡子，心里竟觉得自己有些帅气。是胡子让人觉得帅吗？不，真正让我感到帅气的是那份"变化"。

变化是缓解单调生活能量。不论是外貌，习惯，还是思想，任何事物只有发生变化，我们才能一点一点向前迈进。想一想，现在你能选择什么样的变化，然后立刻去尝试它吧。

明天早晨，当清新的空气轻拂过脸庞，你会发现，所有的变化都值得。

今天不放弃，明天必定不同

1980年的"首尔之春"，是我永远不会忘记的事件。

朴正熙政权垮台后，那些曾经被开除的学生们纷纷重返校园。我也终于在五年后重返学校。当时的我正在备考司法考试。然而，局势动荡不安，我无法袖手旁观，决定投身于捍卫民主的洪流中。于是，在备考的同时，我参与了街头示威抗议。

"戒严令"宣布后，我被逮捕了。三周多的拘禁生活让我陷入深深的绝望中，甚至几乎忘记了自己参加过司法考试。就在那时，妻子来探视。她含着泪告诉我，我竟然通过了司法考试！正当我认为生活已经跌入谷底时，妻子带来了春天的消息，让我的生活中出现了一线希望。

没有人能预知明天。或许，正因为我们无法知晓明天的模样，"希望"才真正存在。今天不放弃，明天必定不同。可以确定的是，热情与努力永远不会背叛你。属于你的春天，终将到来。

请给自己赞美，而不是自责

不要总是把自己架在火上煎熬，陷入自责的漩涡。不要把一切都归咎于自己不够优秀。我们这一代人，相较于以往任何一代，都拥有更为卓越的能力。与前一代人受到儒家价值观和父权文化的限制不同，我们享有更自由的思维和无限的创造力。我们无需外界的督促，便能在生活中全力以赴，坚定地朝着自己的目标前进，这是值得肯定的。

然而，问题在于我们往往不够爱自己。我们缺乏自信，总是对自己过于严苛。当你觉得自己表现不佳时，恰恰是需要给自己一个赞美的时刻；当你因他人的评价而感到压抑或自卑时，就应当送给自己一份赞美的礼物。

即使遭遇失败，跌倒，甚至在泥泞中翻滚，也不要停止爱自己。即使全身沾满污泥，也要坚定地爱自己，因为只有这样，终有一天，你将看到通往未来的道路。到那时，你只需抖落身上的泥土，站起来，吟啸且徐行。

人生中最重要的，首先是学会爱自己。

最糟糕的失败

如果说成功带来的收益是51分，那么失败所赋予的则是剩下的49分。

实际上，我们所获得的真正财富并不仅仅是结果本身，而是过程中积累的所有经验和成长。

如果这世上存在"最糟糕的失败"，那便是由于恐惧失败而从未勇敢迈出第一步。

因为，你甚至没有给自己一个尝试的机会。

喧嚣世界中的生存智慧

我曾观看过一部纪录片，它讲述了一位既失明又失聪的人的生活故事。初次见到他时，我的内心充满了困惑，难以想象他是如何应对日常生活的挑战的。他那比任何人都要灿烂的笑容，反而让我感到一丝忧伤。然而，在影片的结尾，他所说的那句话，让我瞬间哑口无言。

"上帝让我成为聋人，是为了让我能更清晰地听见内心的声音；上帝让我成为盲人，是为了让我能够全心全意地凝视自己的内心。"

我们生活在一个喧闹纷扰的世界中，我们的眼睛所见，耳朵所闻，往往是纷扰和杂音的海洋，而其中大部分并非我们真正需要关注的。或许正因为看得太多，听得太多，我们反而错过了那些最为重要的声音和景象。

今天，我闭上双眼，捂住双耳，回想着他的话语，静下心来，聆听那真正值得我关注的内心之声。

没有什么"原本如此"

在这个世界上, 我们渴望抹去的词汇不胜枚举。
战争, 饥饿, 暴力, 洪水, 独裁, 核武器, 贪婪, 诅咒……
如果要我再添加一个, 我想加入"原本"这两个字。

事情原本如此。
性格原本就如此。
原本就注定无法获得幸福。

"原本"是一种宣言, 宣告你什么都不想尝试。
它是放弃, 是懒散, 是置之不理。
这个世界上, 根本就不存在所谓的"原本困难"或"原本不可能"。

推倒一道墙

你垂下头,
视之难以逾越的高墙,
而一片常春藤的叶子,
却引领着成千上万片叶子,
最终跨越了它。

— 这是都宗焕诗人的诗。当年宣布竞选总统时, 我引用过这首诗。
在我们生活的这个世界中, 有许多墙。理念之墙, 不信任之墙, 地域之墙, 学历之墙, 男女之墙, 不平等之墙, 南北之墙……这些墙都应该被推倒。
然而能够推倒这些墙的不是锤子, 而是那份坚定的信念——只要我们不放弃, 不屈服, 携手并进, 就一定能够越过这些墙。

只要心怀信念, 这世上便没有无法逾越的墙。

如何不被打败

害怕失败，就注定会失败。
若因暂时的成功而迷失，
你将沦为追逐眼前利益的过客。

无论身处何方，都要保持初心不变，
坚持原本想要走的那条路。

或许现在人微言轻，或许可能会失败，
但这世界上没有永远的失败。

唯有无惧失败，才能真正不被打败。

如何度过寒冬

人生有四季。
只有度过寒冬, 春天才会悄然而至。

度过寒冬的方式, 并非是呆坐室内, 茫然等待春光的降临。而是心中勾
画出花朵, 继而描绘出一片花园, 再将与挚爱之人携手漫步其间的画面
一一描摹。

如此, 便能在花香的醉意中, 在爱人的气息中, 忍受并战胜那漫长的寒冬。

梦想, 必须是清晰的, 清晰到足以在脑海中勾勒出一幅, 美妙的画卷。

越是困难，越要坚守原则

"越是困难，越要坚守原则。"

——这是文在寅的座右铭。

人们常将其解读为强调原则的格言，但我本人则更倾向于强调"越是困难"这几个字。

在自由和从容的时光里，人人都能轻松遵循原则。然而在困境面前，坚守原则便变得异常艰难。

当然，另一种理解也未尝不可：越是困顿，就越难以选择；此时若能遵循原则，选择便会容易很多。

"越是困难"和"原则"，两者同样不可或缺。

路

潭阳的美塔苏奎亚大道,
梁山通度寺的松树林道,
釜山梵鱼寺的藤蔓林径,
江华岛的散步路,
南山的环山路,
月精寺的冷杉林径,
扶安来苏寺的登山道。

在众多美丽的路中, 我最喜欢的却是, 那条回家的路。那条平凡的路, 它
让我确信 : 即便是微不足道的我, 也能成为某个人的全部。

温暖的路, 带我回到那个心之归属地。

周末的餐桌

如果有一个周末的清晨，你无需做任何事情，不妨在书房里挑选几样食材，布置一张属于自己的餐桌。或许会有顺滑入喉的美味，也可能有难以下咽的苦涩，但无论如何，静心咀嚼，每一口都让它成为自己的滋味。

那些咀嚼过的文字，慢慢融入我的身体与心灵，它们将构成我智慧生活的骨架，编织出思考的脊梁。它们将让我在面对失望与挫折时，不会轻易倒下。它们会在悄然无声中，让我的内心充满力量。

而当某一天，我的生活开始摇摇欲坠时，那些文字将悄然成形，在不知不觉间，成为支撑我前行的动力。

原则的标准是良知

原则的标准是什么？
你用什么标准来衡量自己是否遵循了原则？

答案便是良知。

如果你对自己的良知无愧，
那么你就走在原则的道路上。

不要向他人询问自己是否坚守原则，
因为答案应该，早在自己心里。

走自己的路

当我拒绝了知名律师事务所的高薪聘请，决定前往釜山时，许多人劝我三思。他们问我，为何要放弃一条充满成功与财富保障的道路，而选择那条艰难的路？然而我并未动摇，这并非因为我有着什么伟大的信念，而是因为内心的一种强烈的直觉：那条路就是属于我的，若不走这条路，我将永远遗憾。正是这份无法忽视的直觉推动我作出了决定。于是我选择了属于自己的生活，从那时起便无怨无悔。

许多人往往将自己的人生交由他人决定。或许是因为害怕他人的目光，抑或是对自己的选择缺乏信心。然而，别人为你铺设的路真的能带来幸福吗？放弃了自己的意志，走别人为你设计的道路，真的能感受到喜悦吗？

走自己的路吧。刚开始时，你或许会怀疑这条路是否正确，内心会充满不安。但正因为这是你自己的选择，正因为这条路是你亲手铺设，渐渐地，你的每一步都会变得更加坚定，内心也会愈加充实与强大。

学会倾听，则前路自现

我从未听过别人说我口才出众。回忆起小学时，每当老师提问，我从未主动举手回答过。即便如今，站在人群中，我依旧会因紧张而深深吸一口气。可平凡如我，居然走上了律师的道路。一个不善言辞的人，怎能在某一天凭空变成一个能言善辩者呢？然而三十年里，我却一直在用言辞为他人辩护。回首往事，连我自己都觉得这真是一种奇妙的命运。

我并不是一个擅长口才的律师，既没有那种激情四溢的演讲天赋，也不曾拥有在法庭上侃侃而谈的辩才。相反，我擅长的是聆听。我始终相信，理解一个人，远比急于表达自己的看法更为重要。当我开始用耳朵去聆听，而非用嘴巴去争辩时，我发现，一条阳光之路在我面前徐徐显现。

无需过多的言辞，也不必依靠华丽的语言去博取注意力，真诚的传递便能打动人心。

对于那些身处困境的人来说，真正所需的，并非充斥着建议与鼓励的言语，而是有一个人，愿意静下心来倾听他们的声音。只要真心倾听，许多问题便会在不经意间得到答案。

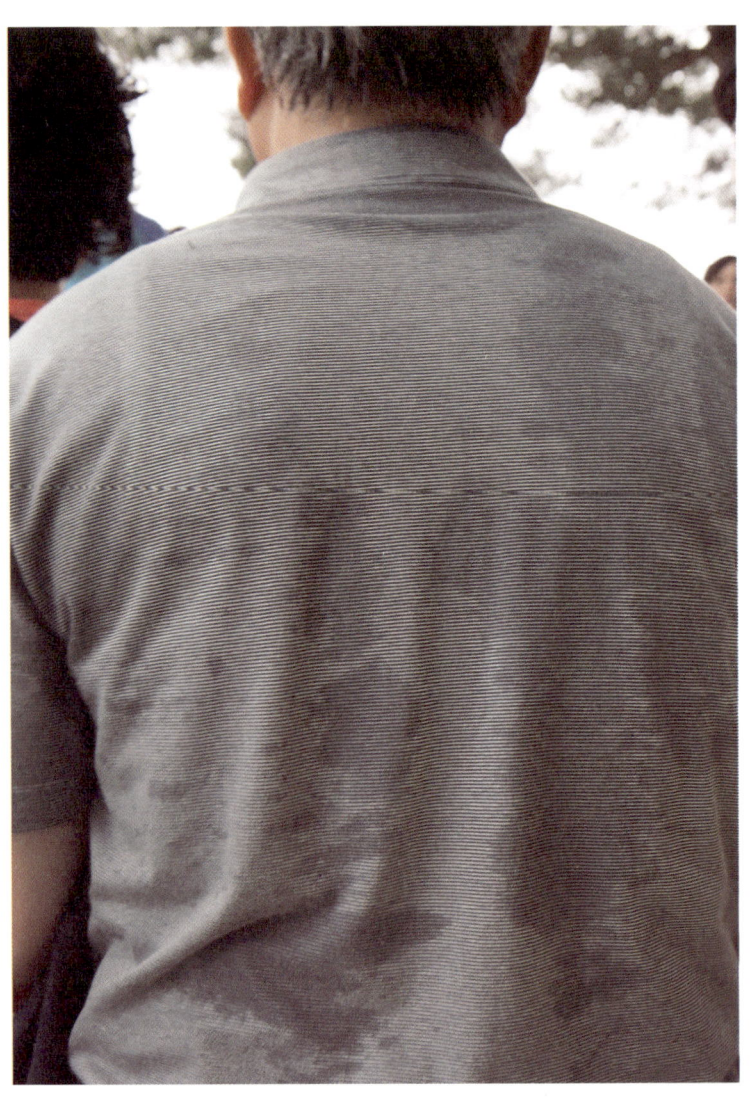

金钱很重要，但它并非全部

我的金钱价值观相对明确：钱固然重要，但它并非全部。

这种价值观源自儿时的贫困经历，它是贫穷赠予我的一份礼物。

如果有人为钱而烦恼，我会这样对他说：如果你花5个小时去赚钱，那就花10个小时去结交朋友。

不要成为一个钱袋子里充满金钱的富翁，

而要成为一个身边满是朋友，拥有丰富人际关系的"人际富翁"。

不幸尽头的馈赠

完成司法研修院的课程后, 我满怀期待地申请要成为一名法官。当时, 通过司法考试的人数寥寥, 几乎所有志愿成为法官或检察官的人都能顺利获任。然而, 由于大学时期曾参与反对维新宪法的示威, 我未能如愿。研修院期间, 我的成绩位列第二, 结业典礼上还荣获法务部长官奖, 但当时却在这一关遭遇了始料未及的阻碍。无奈之下, 我转而成为一名律师。尽管心中难免遗憾, 但我还是坦然接受了命运递来的这份"不幸"。

可您知道, 这场"不幸"为我带来了什么吗？是一份无比珍贵的馈赠——让我得以遇见卢武铉。如果当时成为了法官, 我或许永远没有机会与他相识。

这让我意识到, 世间或许并没有绝对的不幸。如果我们细细凝视那些不幸的尽头, 或许会发现希望正系在那里, 犹如隐秘的结点, 等待着你去发现它。

所以, 挺起胸膛吧, 勇敢地迎接命运的每一次安排。在那些看似无路可走的地方, 或许正隐藏着意想不到的礼物。

治愈伤痛的智慧

在人生旅途中，伤痛如影随形。或许是一句无意的话，便在心上划出一道细微的裂痕；或许是面对无法撼动的现实，令原本坚毅的意志在无奈中瓦解。

这些伤痕，常常在不经意间凝结成厚厚的痂，覆于内心深处的某个角落。与其试图强行揭开它，不如给予它足够的时间，让愈合的过程自然而然地完成。

总有一天，当痂悄然脱落时，你会发现，鲜嫩的肌肤早已在那片旧痛之上悄然生长，充满新生的气息。

有时候，最好的疗愈并非抗争，而是静静地等待。让时间的温柔之手轻抚过伤口，它会赋予你复原的力量，也会教会你与痛楚"和解"的智慧。

沉默的理由

在一个语言能伤人, 言语成毒的时代, 沉默是智慧的良药。放慢说话的速度, 减少开口的频率, 是减少失误的良方。然而, 并非所有的沉默都是有益的。该说话的时候, 我们必须发声。

尤其是当面对"这件事是否正当？"这样的问题时, 选择沉默便意味着缺乏思考, 或是对正义的回避。对于自己认为正确的事情, 决不要保持沉默。

我们在日常中练习节制与克制, 正是为了在关键时刻能够坚定而清晰地发声。

体力不济时，心灵也会随之崩溃

我一直热爱运动。大学时，我曾担任年级棒球比赛的队长，带领队伍夺得了冠军。做律师时，我喜欢登山。每当心情沉郁，工作或学业压力大，思绪纷乱难以理清时，只要活动一下身体，心情便能悄然好转。很奇妙，一个人流下的汗水，往往能为自己唤回久违的动力与希望。

每当感到心灵疲惫时，支撑我的是身体，是体力。正是有了体力的支撑，当心情低落时，身体却依能够坚韧如初。得益于此，我总能轻松回归日常。

近些年来，我将注意力从运动转向了庭院劳动。拔草，种树，整理泥土，让自己的身心在汗水中尽情释放。尽管思考和沉思的时光同样珍贵，但偶尔停下纷乱的思绪，心无旁骛地活动身体，也是极为重要的。

让我们去运动，去流汗吧！不但要关照心灵，更要真心爱惜自己的身体。

结束即是开始

当我卸任卢武铉基金会理事长时，有人对我说：
"辛苦了，一切终于都结束了。"

我则微笑应答：
"结束即是开始。"

即使最后一班车已驶离，第二天清晨的第一班车依然会准时到来；
即便商店的门已紧闭，黎明一到，它便会重新敞开。

结束即是开始。
这是为新出发做准备的时光。
当所有人都认为一切已结束时，正是你最应该勇敢迈出第一步的时刻。

第二章

真正的幸福之梦

点点微光汇聚成河。

那些看似微不足道的力量，正悄然改变着我们的世界。

切勿因对世界的固有印象而徒生绝望。

即便是看似遥不可及的梦想，只要我们携手同行，也终将改写命运的篇章。

· · · · · ·

我们共同的梦想

童年时期，我的梦想是成为一名历史学家。我曾梦想着，既然热爱旅行，就要踏遍天涯海角，去体验世界的每一个角落。如今的我，与儿时梦想中的自己并不相同，但我并不感到遗憾。我深知，帮助他人实现梦想，为共同的梦想而努力，比单纯追求个人梦想更令人感到幸福。

我选择成为人权律师，并非出于对财富的渴望，而是因为我能够助他人。当有人紧握我的手，眼中闪烁着感激的泪光时，那份内心的自豪与满足感是任何语言都无法描述的。即使工作再艰难，我依然能从中获得力量。因为我发现，帮助他人，实际上也是在成就自己。

现在，您又怀揣着怎样的梦想呢？ 是那种与他人内心愿望交织的梦想吗？ 是那种我们每个人都能共同追寻的梦想吗？ 或许，这才是真正让人感到幸福的梦想吧。

我的最后一个梦想，是陪伴母亲回到她的故乡——咸镜南道兴南。遗憾的是，母亲生前我未能帮她实现这个愿望，未能让母亲踏上那片她深深思念的土地。如今，我仍在等待那一天的到来。

那一天或许会姗姗来迟，但我想，当它终于到来时，我可能会比母亲更加感到幸福。

目光所至

你此刻正凝视着什么？
你此刻正注视着谁？

你眼中所见的那片天地，便是你即将停驻的地方；
你目光所追随的人，正是你将要邂逅的自己。

你的命运，正悄然沿着你凝视的方向前行。
不要轻易移开视线，不要随意眨眼，将目光牢牢锁定在，梦想的彼岸。

寻找我的梦想

一位著名的英国企业家曾说，他会将自己的一百个梦想写在纸上，然后再将它们逐一划去。他坚信，将梦想写下来，亲眼确认，然后再逐步付诸实践，与仅在脑海中模糊构思，心情和态度完全不同。

取一支削得锋利的铅笔，摊开一张洁白的纸，逐一写下你的梦想，不要遗漏任何一个。然后，把一块橡皮置于纸边，当你觉察到某个梦想不再适合你时，就随时擦掉它。最终所剩的那个，往往就是属于你的真正梦想。

不必急于做出判断，对自己说："这就是我的梦想。"
梦想的选择是一个循序渐进的过程，无需仓促决定。

假如生活欺骗了你

我出生在巨济岛的避难岁月，自幼便在贫困的阴影下成长。无论是送煤气，还是做各种琐碎的杂活，这些都是我生活的一部分。贫穷对我而言，仿佛是一种理所当然的命运，一个无法挣脱的枷锁。但幸运的是，我的父母坚信，不论如何艰难，也必须为孩子提供良好的教育，因此我得以进入了名校——庆南中学学习。

然而，刚踏入这所学校，我便感到了深深的自卑。我羡慕那些住在豪华大宅中的同学，羡慕那些总是拥有丰厚零用钱的朋友，羡慕那些家境优渥，成绩出色的人。看着他们，我常常会心生疑问："为什么只有我一个人不幸？为什么只有我与这个世界如此格格不入？"那时，唯一让我感到片刻安慰的，就是一边一个人埋头苦读，一边编织着属于自己的梦想。

回首往事，我渐渐明白，正是那些艰难的岁月塑造了今天的我。如果生活并不那么艰难，我是否会怀抱改变世界的梦想？还是会安于现状，和他人一样过着平凡的日子呢？

当你觉得自己与现实渐行渐远时，请不要感到沮丧，因为，那恰恰是你更接近梦想的时刻。

人生疲惫的原因

装扮自己, 总会得到回应。
哪怕只是稍作点缀, 人们便会报以掌声, 甚至发出惊叹的呼声。
这一切的确有效。

然而, 这也让人感到疲惫。
因为, 每次重新站在人们面前, 你又不得不重新装扮自己。

如果这些人是你一生都要面对的人,
那就注定你要一生都不断地装扮自己。

这意味着, 你将永远活在别人眼中,
永远无法真正做回, 那个纯粹的自己。

如何找到属于自己的位置

经过重重波折，卢武铉终于荣登总统宝座。就职后，卢武铉总统亲赴釜山选举委员会，与所有工作人员合影留念。此时，一场令人啼笑皆非的座位争夺战悄然展开，每个人都渴望占据卢武铉总统身旁的有利位置，现场充满了勾心斗角和相互推挤的紧张气氛。起初，我站在他旁边，但很快便有人悄无声息地挤了进来，随后，更多的人影开始穿梭其中。

经过一番席位的争夺，当闪光灯亮起的那一刻，我发现自己早被挤到了角落里。即便如此，我却不由自主地面露微笑，嘴角上扬。因为我知道，无论身处何方，能够与大家并肩而立，那一刻便是最真实的幸福。

往往是那些内心缺乏白信的人，才会过度渴望站在大人物的身边，试图通过占据"有利"位置来彰显自我。然而在一棵大树旁，另一棵大树永远无法与之并肩而立。我们应该学会的，不是去争夺他人位置，而是为自己开辟一片天地。

何必借别人的高度来映衬自己呢？
真正的智慧，是自己变得足够高大，高大到让别人渴望站在你的身旁。

储存感恩之心

在人生的旅途中, 我们时常在不经意间接受来自意料之外之人的援手。然而, 当我们试图回报这份恩惠时, 常常只能简单地用"谢谢"这两个字来表达。这时, 你不妨将这份感激深藏于心。

随着时间的推移, 这份感恩会逐渐积累, 如同情感的"利息", 逐渐沉淀为更深层的情感。当你继续前行在人生的道路上, 总会有那么一刻, 你会遇到另一个需要你伸出援手的人。那时, 你可以打开你那充满感恩的心扉, 慷慨地将它传递给那个人。这, 便是你对这个世界最温暖的回馈。

我始终坚信, 世间的善意如同流动的水, 悄无声息地流转于人与人之间。我们所接受的每一份帮助, 最终都会以某种方式传递给他人。这样, 世界将变得更加美好。

因此, 在施以善意时, 无需期待立即得到回报。因为你所给予的那份温暖, 最终将以更加丰盈的形式, 传递给下一个需要帮助的人。

温暖的成功

所有的成功, 都值得掌声。

因为没有哪一份成功, 是不经过汗水与努力便轻易得来的。

然而有一种成功, 我愿意为它献上更多的掌声。

那就是能带给别人帮助的成功。

因为它所带来的不是个人的幸福, 而是千万家的幸福。

因此, 它是温暖的成功。

赚钱的理由

母亲精心熬制的酱汤，
父亲那愉悦的口哨声，
辛勤劳动后滴落的汗水，
产后母亲静静流下的泪珠，
如蜜般甜美的午后小憩，
以及，深信不疑的朋友。

这些事物有什么共同之处呢？那就是，它们都无法用金钱来衡量。在这个"金钱至上"的世界里，我们常常忘记，还有许多珍贵的东西，是无法用金钱来衡量的。

或许，我们努力赚钱的理由，就是为了守护这些无价之宝——这些无法用金钱购得，却最值得我们珍惜的东西。

越舍弃，越获得

搬家时，我整理了抽屉。
里面有许多不再需要的东西。
然而，那些早已被遗忘，闲置多年的物品，
在我准备丢弃时，竟然莫名地感到一丝不舍。

"这个，或许哪天会用到。"
"这个，也许有人会需要。"

我在犹豫中停顿了片刻，忽然意识到，
原来这一切不过是贪念的幻象。
明知早已于我无用，
却依然执意将它们留在身边，不舍丢弃。
我们手中紧握的每一件物品，
无论它的形状，名字或用途如何，
都在无声地诉说着我们的欲望。
于是，我开始丢弃这些陈年旧物。
丢掉一件，心头顿时泛起轻盈；
丢掉两件，世界似乎变得更加开阔；
丢掉三件，心中泛起一种，从未有过的充裕与空灵。

幸福的条件

幸福, 是对自己人生心怀感激,
不幸, 是对他人人生的刻意模仿。

如此简单而深刻的真理, 却时常被我们置之脑后。

该去追求的欲望

即使没有一寸属于自己的土地，我依然是富有的。

因为每当我仰望苍穹，那片辽阔的蓝天便是我无尽的财富。

无论何时，只要心怀向往，我都可以任意凝视它的广袤与深邃，

因为它从不拒绝，它永远属于我。

世人贪恋那狭隘的尘土，却少有人仰慕无垠的天空。

也因此，天空毫无保留地给予了我它的浩瀚与自由。

莫让局促的欲望围住人生的脚步，

学着去培育如天空般广阔的梦想吧！

这次捉迷藏，轮到我"捉人"了

没有人喜欢吃亏。当我们觉得自己吃了亏，心中难免泛起一阵不甘与遗憾。然而，随着岁月的流转，我们渐渐会明白，自己也曾无意间让他人吃过亏。人生的本质或许就是如此，有时我们站在吃亏的一端，有时则是别人承受这一切。

因此，当你发现自己置身于吃亏的境地，不妨放下沮丧，换个角度去想：啊，这场捉迷藏的游戏，轮到我来"捉人"了！然后，心平气和地等待那属于你的转折时刻。毕竟，在捉迷藏的游戏里，你不会永远只是那个"捉人"的角色。

恒久的少数派

年轻时，我曾为"恒久的少数派"这一词语深深倾倒，这句话出自投身独立运动的心山金昌淑先生之口。对年轻的我来说，这个词语充满无尽的吸引力，因为我坚信，唯有不随波逐流，坚守内心信念，才是知识分子真正应有的风骨。

随着岁月的流逝和生活阅历的增长，人的想法自然会发生变化。然而，无论时间如何推移，"恒久的少数派"这几个字依然散发着难以抗拒的魅力。它如一根无形的纽带，将我的心灵与一种更深远的坚持紧密相连。每当面对名利，权力或诱惑时，我便会在心底默默重温这句话，提醒自己不要迷失方向。

那么，你的信念是什么呢？ 是否也有一个词语，能完美表达出你内心最真实的坚持？ 试着找到它，将它珍藏在你的心中，仿佛一件随时可取的珍宝。当你面对人生的风雨时，它将成为你最坚固的盾牌，指引你穿越迷雾，直到抵达属于你的远方。

携手同行

每次听到别人称我为"人权律师",心中总会涌上一丝沉甸甸的压力。毕竟,《律师法》中早已写得明明白白,律师的首要使命便是捍卫人权。因此,"人权律师"并非什么特定的称号——每一位律师,本应都是人权的守护者。

然而,回顾那段黑暗的独裁岁月,真正能称得上"人权律师"的人却少之又少。在首尔之外的地方,几乎没有几个人敢于勇敢地举起这面旗帜,独自踏上为正义发声的孤独道路。但令人欣慰的是,随着时光流转,越来越多志同道合的人开始聚集在一起。为了改变社会的不公,为了追求民主的未来,首尔,釜山,庆南等地先后成立了"民主社会律师会",并逐渐在更多地区扎下了根。大家彼此扶持,分担责任,合力面对社会中的难题与不公。

正是这种团结的力量,使得那些曾经看来无解的社会问题,终于渐渐显现出曙光;那份原本遥不可及的希望,开始变得触手可及。

如今,民主社会律师会依然只是少数派,但正是这份微小却坚定的力量,正在悄然汇聚成涓涓细流,缓缓改变着我们生活的世界。我们绝不能因为"世界不会改"而放弃希望。即使眼前的道路看似崎岖,似乎难以逾越,但只要心怀希望,彼此携手同行,那就一切皆有可能。

对待职业的态度

三十年来，我一直从事律师这一职业。许多人提到"律师"二字，往往会联想到丰厚的收入，然而现实并非如此。相反，真正的律师，应当学会与金钱保持一定的距离。为了做到这一点，我时常提醒自己：保持清醒，回顾过往，审视自己走过的每一步，警惕迷失在世俗的漩涡中。

任何职业，如果将赚取财富作为唯一的目标，终究会变得平庸无趣。因此，我不断追问自己：我为何选择这份职业？为了不偏离初衷，我反复对自己念诵这个问题，让它在心底扎根。用自己的声音提醒自己，用自己的耳朵聆听来自内心的回响。这样看似枯燥的自省，正是为了守住工作与使命之间的平衡，不致迷失方向。

职业本身没有高低贵贱之分，但我们对待职业的态度，决定了它是否真正值得尊敬。人的价值，并不在于从事什么样的工作，而在于是否以一颗真诚的心，去面对自己所选择的道路。只有如此，平凡的工作，才能映射出不平凡的人生意义。

在苦难中成长

小时候，我的烦恼大多与食物有关。母亲的忧虑也常围绕着如何填满五个孩子的肚子。因为家庭贫困，我甚至无法带饭盒去学校，只能靠吃学校免费配给的玉米粥解决午餐。那时学校没有餐具，老师只能借用那些带饭孩子们的饭盒盖给我们盛粥。即便年幼的我，也能察觉到那份刺骨的羞耻，心中满是难以言表的自尊之伤。

记得有一年，台风"萨拉"肆虐来袭，家里的屋顶被掀翻了。小小的我站在天花板被掀开的房间里，仰望着黑暗空洞的天空，感到一种深深的失落与无力。

还有一次，母亲牵着我的手一起来到釜山火车站。我清晰地记得，她拉着我在清晨的寒风中走向黑市，打算靠倒卖黑市票赚些钱贴补家用，但最终还是放弃，转身离开了。母亲选择放弃的原因，或许正是因为年幼的儿子站在身边，眼睛里充满了无言的关切吧。那一刻，母亲的背影显得格外单薄，仿佛承载着所有生活的重担。母亲不曾回头，但她的那份无助与坚韧，至今仍深深印刻在我心里。

是贫困塑造了今天的我。可以说，八成的我，都是在贫穷的熔炉中锤炼出来的。正是与贫穷抗争的岁月，教会了我独立与自强。虽然不能说贫穷值得感激，但如果没有它，我的人生轨迹也许会与今天大不相同。

所以，请不要让苦难只是苦难，而是努力让它成为自己的起点，成为前行的力量吧。最终你会发现，在苦难中成长的人，都会变得无比强大。

"我能行！"

"'雷霆气场*'文在寅"

不久前，我年轻时在特战队服役时的一张照片在互联网上广为流传，有人还给我加上了这一让人有些汗颜的标题。不过我想，网友们之所以用"雷霆气场"这样的流行词汇与我搭配，恐怕并非因为我的外貌，而是因为"政治家"和"军人"这两种形象之间的某种反差，而这也是韩国国民独有的一个特征吧。

退役之后，我曾一度陷入重返军营的噩梦。的确，军营的日子充满了艰难与痛苦。然而幸运的是，我天性坚韧，不惧怕吃苦，并且具备军队所需要的一些素质。在服兵役那段时间里，我的身心都得到了磨炼，变得愈加坚强，最终还因优异表现而获得过表彰。如今回头看，自己居然能够做到这些，想想都觉得不可思议。

正是那段艰难的时光，让我深刻明白了一个道理：我们内心深处的所有恐惧，其实都源自幻觉。而真正面对困难时你会发现，原来自己完全有能力去应对一切。特战部队的经历让我变得更加乐观和坚定。

生活，就是在不断的跌打碰撞中前行。如果跌进水里，我们会本能地学会游泳；如果被扔进沙漠，强烈的求生欲望会支撑我们战胜没有水的日子。现在摆在你面前最艰难，最害怕的挑战是什么？如果有，不妨转换思维告诉自己：我能行！

---

* 原文"폭풍간지"，意指气场强大，威风凛凛。原本只是小范围使用，后来真正广为流传得益于Mr. 판당고的《初学者的哒咚哇WOW漫画》(초보닥돌 와우만화) 中的梗图 (짤방)。之后这个词语迅速走红，成为一种流行文化的符号。"폭풍간지" 不仅仅是对某人外貌的描述，同时也是一种情绪和氛围的代名词，传递的是一种瞬间的震撼和不可忽视的强大气场。这也是网友们对文在寅的昵称之一。

收获的最大力量

我和妻子的缘分始于大学时代，我们之间是前后辈的关系。对于妻子而言，我们的恋爱几乎是一段"等待的历史"。在长达七年的时光里，我因服刑，入伍和备战考试等各种原因经历了多次离别，而妻子始终默默守候，不离不弃地守护着她的爱。或许，也有人会这样评价她：

"真傻！"
"那段青春的等待，岂不是白白浪费了吗？"

然而，在与妻子共同度过的四十余年时光中，我深刻体会到了一个道理——人生中最重要的，莫过于诚实与坚持。如果妻子是那种容易改变心意的人，我们或许早已没有机会走到一起。因此，我常常怀着感恩的心，感谢她的坚守与包容。

我始终敬重并看重那些始终如一，坚守诚实的人。无论是工作，人际关系，还是爱情，诚实与坚持是支撑我们生活的基石。即使我们再努力，如果每一天都与昨日无异，每一个明天都如今天一般平凡，那么我们最容易放弃的，往往就是这份诚实。而一旦放弃，它就会导致我们失去一切。无论选择什么样的道路，记住，坚持不变的诚实与努力，才是我们最终收获成果，实现梦想的最强武器。

第三章

以人为本

并非每个人都能成为好人。

赢得一人的心已是不易，更不用说让每个人都喜欢你了。

即便有人对你心存厌恶或反感，也不必过于悲伤。

要始终相信:自己已足够是一个好人。

· · · · ·

只是觉得你最好

有时，在初次相遇时，某个人便会悄然占据你心中的一个角落。他的语调，手势，以及那些看似不起眼的小动作，都让你在内心默默赞许。这并非因为他外表出众，而是他给人一种特别的舒适感，让人禁不住嘴角上扬。

若你遇到了这样的人，请相信，他必定和你同属一个世界。
你丝毫不用怀疑，和这样的人携手同行，你会终生感到安宁。

会喜欢，会欣赏，会无条件地信任——无它，只是觉得你最好。

真正的友谊

友谊往往在频繁的联系，相聚甚至争执中悄然积累。然而，也有一种截然不同的友谊，却在保持距离中产生。正是因为彼此的距离，才让这份情感更加牢固与深厚。

在青瓦台工作的那些年里，许多朋友从未打过一次电话给我。而且越是亲近的朋友越是如此。因为他们心里明白，不想让我感受到任何一丝负担。那份真挚的友谊，像是一种默契，一种不言而喻的坚持。

或许，正是因为有了他们，我才得以在繁忙的公职生涯中始终保持自己的原则。人们常说，友谊是在见面中加深的。可是真正的友谊，恰恰是这种：纵使不相见，也不会在岁月流逝中褪色的深情。

视角

与小学生交谈时，
最好低下身来，在平等的身高条件下与对方眼神交汇。

为了和野花对话，
为了和小狗交流，
有时，最温暖的人，是懂得俯身，不怕让自己低下头的人。

钉钉子

不经意间打开的电视里，
出现了一位巧手钉钉的能工巧匠。
他没有高深的学问，也没有什么特别的技艺，
一辈子都在重复一个工作：将钉子钉入木板，制作鱼箱。

他说：
我虽然没有学过什么，
一辈子都在钉钉子。
但我从来没有，在人的心里
钉下过一根钉子。

你是怎样的朋友？

——并非卢武铉的朋友文在寅，而是文在寅的朋友卢武铉。
这是卢武铉总统在世时常提及的一句话。

我深知，这体现了他的谦逊以及对我这个朋友的关怀。
每当他这样表述，他在我心中的形象便显得更加高大。
从卢武铉总统那里，我学到了一个宝贵的教训：谦逊地对待他人，实际
上能让自己显得更加高大。

有句话说得好：要真正了解一个人，只需观察他所交往的朋友。

当你与朋友并肩而立，你是会微微踮脚突出自己，还是会悄悄屈膝，让朋
友更加耀眼呢？

心之所向

其实，我一直努力与政治保持一段距离。然而那个阴暗的时代，最终还是将我推向了政治的漩涡。虽然周围的人不断劝说我投身政治，但最终做出选择的始终是我自己。

人们常常问我：这是你最擅长的事情吗？我总是回答：我也不确定。但因为内心的呼唤，我便走上了这条路。

过你真正想要的生活，做心之所向的事。固然，施己所长是最理想的选择，但更重要的，是去勇敢尝试那些让你感到最有可能触及幸福的事。

当你心怀对幸福的渴望，成功往往会在不经意间悄然而至。在某个瞬间，你会发现，自己正站在一个全新的高度上。

最美的人生

爱，有无数种形式。

男女之间的爱，父母与子女的爱，朋友之间的爱，师生之间的爱，爱慕的作家与明星，爱国之情，热爱棒球，热爱电影，热爱大自然与生命……

然而，如果我们稍微深入思考，就会发现，这所有的"爱"，其实都带有一些微妙的差异。那么，为什么我们仍要用一个"爱"字，去概括这些各异的情感呢？或许是因为，世上再没有比"爱"更美好的词语了。

"爱"，可能是人类创造的最美的词汇。

而一个人，若能将这最美的词汇用得最多，那么他的人生，便是最美的人生。

幸福的人

曾经有一位学生，对书本的渴望如同饥渴之人对食物的追求。只要看到印刷的文字，不论内容如何，他都会急切地投入阅读。若感觉知识的汲取还不够，他甚至会拾起散落的报纸来读，仿佛这样便能充实内心的空虚。每天，他都会在学校图书馆里度过，直到闭馆那一刻，完全沉浸在书籍的海洋里。在离开之前，他总是会仔细整理好座椅，然后才踏上归途。

在那段贫困的少年岁月中，书籍或许是我唯一能够触及到的幸福。现在，只要手中握有一本书，你便已是一个幸福的人。

逆袭

高阳 Wonders 是一支由"失败者"组成的独立棒球队。它给那些在新秀选秀中未被选中，或是在职业联赛中被放弃的球员们，提供了一个重新开始的机会。最近，我有幸观摩了这个队伍的训练。许久未挥棒的我，体验了一把重新戴上手套接球的感觉。就在那里，我遇到了李熙成。

李熙成曾加入过Nexen Heroes，但在一军的赛场上，他连一次出场的机会都未获得就被淘汰出局。最近，我听到了他被 LG Twins 重新召回的好消息。这一次他用自己的经历证明了：失败不是终点，而是新的起点。

在我们的社会里，似乎根本就没有"逆袭"的机会，失败往往意味着一切的结束。二十岁时一场大学考试，似乎就已经为人生定下了轨迹。

但我梦寐以求的世界，是一个能够为每个人提供重新再来的机会的世界。就像高阳 Wonders 那样，一个每个人都能在九局下半、两出局的瞬间，打出逆转满贯全垒打的世界。

你是一个好人

人际关系中的困扰，往往源自于一种贪欲——想要成为所有人心中的"好人"。然而这并非易事，因为你无法赢得每一个人的心。赢得一个人的心已经是困难重重，何况是让每个人都喜爱你呢？

就像你可以毫无理由地厌恶某些人，别人也可能毫无理由地讨厌你。而那个人，或许正是你自己。即使有人对你心生反感，甚至厌恶你，也不必为此过度忧虑，深感痛苦。即使世界上有一半的人不喜欢你，也无需为此感到沮丧。

因为，你是一个能给一些人带来快乐，带来幸福，带来信任的人。
所以你是一个好人，一个值得被珍惜和尊重的好人。

我的自豪

想必大家早已有所察觉——的确，很遗憾，我天生缺乏幽默细胞。

但这并不妨碍我拥有自己的自豪，那就是眼角的皱纹。因为它们是我热爱笑容的见证，笑得多了，眼角便留下了这些深浅不一的痕迹。

笑容就像打哈欠一样，天生具有感染力。当我笑时，旁人也会情不自禁地跟着笑起来。或许我不擅长制造笑料，然而，我却可能在不经意间将快乐传递给他人。

因此，今天我依然面带笑容，让眼角的皱纹，更加深刻。

给劝诫者的忠告

劝诫本质上是一种建议。它始于建议, 也应终于建议。

如果对方没有采纳你的劝诫, 而你因此感到不快甚至愤
怒, 那么劝诫就可能完全变质, 成为双方的负担。

请以真诚的态度提出诚恳的建议, 适可而止。
至于之后的决定, 就让对方自行选择吧。

不要推迟幸福的笑容

只要考上大学就好了！
只要找到工作就一定会幸福！
只要结婚了就别无所求！

最初，那些认为只要考上大学就能满足的人，一旦踏入大学校园，又开始为求职而烦恼；找到工作后，又因婚姻问题而焦虑；婚后，又为购置房产，孩子的教育而忧心忡忡。他们总是期待着下一个幸福时刻的到来，却因此错过了当下的喜悦，失去了对眼前幸福的感激之情。

在感到幸福的时刻，尽情享受那份幸福吧！不要将幸福的笑容推迟到未来。那些总是等待下一次幸福的人，可能终其一生都无法真正展露笑容。

与其寄希望于明天，不如就在今天，让我们选择拥抱当下的幸福。

映在我脸上的容颜——父亲

父亲向来沉默寡言，总给人一种难以接近的感觉。我与他之间鲜有深入交流的记忆，也许正因为此，我曾一度认为自己与他并不相似。

然而，随着年龄的增长，当我凝视镜中的自己时，不禁惊讶地发现——镜中竟然映射出父亲的容颜。偶尔我会意识到，父亲言谈中透露出的社会意识和批判精神，早已悄然融入我的灵魂。就这样在不知不觉中，父亲在我生命里留下了诸多无形的印记。

或许，这正是"根"的意义所在吧。它默默隐藏在看不见的深处，却默默支撑起枝干，伸展着枝丫，孕育出新生的力量。今天的我，是父亲和母亲这对"根"孕育的礼物。虽然这份"礼物"可能并不完全符合自己心意，但我们不能因此而忽视了给予者。毕竟，无论怎样否认，他们的影子始终深刻地烙印在我的灵魂深处。

如果将来，你成为了"根"，孕育出新的生命，而那个生命却拒绝承认你是它的根源，那将是多么旷世孤独的体验啊。

济州的春天

"逝者长眠，生者携手。"

2020年，在位于济州下贵里的英慕园里，我目睹了这句铭文，至今依然记忆犹新。那是我所见证的最为深沉的悼念与和解，它深深地触动了我的心。

未完成的课题，我坚信将通过生者的宽容与团结得到解答。

济州4·3事件受刑人的首场职权再审与特别再审已经启动。检察官请求宣判所有被告人无罪，法官以感同身受的同情，宣读了一份特别的判决书。七十三位含冤入狱者终于被宣判无罪。法庭内，遗属们以掌声回应这一迟到的正义。

那一刻，伤痛开始愈合，济州的春天悄然绽放。
五年来，我始终与济州4·3事件同行，这段经历让我深感自豪。
无论何时，我都不会忘记济州的春天。

历经78年的归乡

曾完成十卷本长篇史诗《洪范图》的诗人李东淳，如此描绘那位终于结束漫长旅程，回归故土的将军心境：

"我，洪范图，终于回到了祖国的土地。在那遥远寂寥，寒风凛冽的中亚荒原，我长眠了整整七十八年。如今，我双膝跪地，俯身嗅闻这片故土的气息。轻轻地，我的唇也触碰到这片土地，热泪滚滚坠落，沁入这片久别的故国大地。"

凤梧洞战役与青山里战役的胜利，至今已整整101周年。将军客死他乡也已七十八载。多么漫长的一段岁月啊！

洪范图将军，您终于归来了。
愿您在故土安息。

五月

五月如期而至，
唤起我们对逝去之人的深深怀念。
这是一个生机盎然的五月，
这是一个化悲伤为勇气，豪情万丈的五月。

光州的自豪，属于历史，属于大韩民国，属于全体国民。
从光州播撒的民主之种，是我们共同培育和呵护的希望。
我们毫不怀疑，这一事业将成为我们幸福的源泉。
愿我们的五月，每年都熠熠生辉；
愿我们的五月，成为全体国民迈向未来的强大力量。

最感激的人

有人问我：
生命中最感激的人是谁？

我回答说：
我的母亲和妻子。

他又问：
如果只能选一人呢？

我稍作思考后回答：
我的母亲。

因为对妻子，我或许能有所回报；
而对母亲，我却只有无尽的索取。

治愈孤独的良药

诗人郑浩承曾说："生而为人，所以孤独。"
他还说，生活就是承受孤独的过程。

我也常常觉得，人本来就是孤独的存在。

那么，我们该如何治愈孤独呢？
答案或许是——朋友。因为朋友是治愈孤独最好的良药。

不过，这并不意味着你需要去结交新朋友。
其实那些你已经认识的朋友就足够了。

你不妨这样开始：
不要急着向朋友诉说自己的孤独，而是先试着去治愈朋友的孤独。
因为你的朋友，也一定在与孤独相伴。

生而为人，
仅仅是有可以分享孤独的朋友，
就足以成为我们前行的力量。

感谢孤独

假设孤独从未在世上存在
我们还会创造出"爱"这一字眼吗？

正因为有孤独这道伤口，
我们才能更加深刻地体会到爱的珍贵，
不是吗？

不妨换个角度去想：
孤独，或许正是我们准备去更炽热地拥抱爱的一种准备。
同样地，如果这世上没有恐惧，又何来"勇气"的诞生。

爱一个人的方式

首次被拘留时，我的妻子——那时还是我的女朋友——前来探望。她怀中紧抱着一张精心折叠的报纸。我心中充满好奇：什么新闻这么重要啊？

报纸展开后，我看到了母校庆南高中在全国棒球赛中获胜的报道，起初不禁苦笑——尽管我确实热爱棒球，但对一个身处拘留所的人来说，这样的消息又能带来什么慰藉呢？

然而，正是她这种看似有些"毫不相干"的关怀，却让身处充满阴霾之地的我露出了笑容。

在特战部队服役期间，她再次来探望我。这次带来了一束满天星。那是一个我们常常饥肠辘辘的时期，通常军队探视意味着能吃到一只香喷喷的烤鸡，但她却捧着一束花出现在我面前。

我们隔着那束满天星相视而笑，整个见面过程充满了笑声。当然，特战队的战友们也分到了一小捧花，他们纷纷咂嘴表示遗憾，因为没吃到期待的烤鸡。

如果这世上存在十个人，就会有十种表达爱意的方式。每个人都用自己的方式去爱，这就足够了。让所爱之人多笑一次的那份心意，或许正是妻子爱我的方式。

我深信，她的方式就是最好的爱，至今依然如此。

母亲的手

生活中，我常常与人握手。从一个人的手中，我能隐约感知到他的人生故事。粗糙而笨拙的手，柔软的手，温暖的手，或者无法用力紧握，略显退缩的手……每个人都像在手掌纹路中细细雕刻着自己的人生，于是，手便成了人生的写照。

然而，握过的无数双手中，最让我难以忘怀的，是母亲的手。

那是在我因领导反维新运动的示威而被捕后，从拘留所被移送到检察院的途中。当时，我被关在一辆四面封闭的押送车内，意外地发现车壁上有一个仅百元硬币大小的窥视孔。出于好奇，我将眼睛贴近那个小孔，试图窥视外面的世界。就在那一刹那，我看到了母亲。她一边呼唤着我的名字，一边拼命地挥舞着双手，紧紧地追赶着押送车。然而，押送车很快就把她远远地甩在了后面。
在那短暂的瞬间，我所见到的并非母亲的面容，而是她那双手。那双因生活艰辛而变得瘦弱粗糙的手。那双拼命挥舞的手，深深地刺痛了我的心。

即使在今天，每当我想起母亲，首先浮现的，依旧是她的手。

自从踏入政坛, 我每天都要与无数人握手, 却鲜有机会握住母亲的手。
母亲, 对不起。

第四章

偶尔偏离又如何

我激烈地奋斗，也同样激烈地受挫。即便倾注了所有努力，世界依然不会完全如我所愿。但正是这些全力以赴的努力，让我本人不断成长。

人生中至少一次，请向"卓越"发起挑战，而非止步于"适度"。

历史或许有捷径 ， 但绝不会省略

眼下的困难也许让人举步维艰，
但如果你向挑战屈服，历史就会重演。
将挑战视为机遇，将困难化为新的跳板，那么，一切皆有可能。

有句话说得好："历史或许有捷径，但绝不会省略。"
眼前的高山，终有成功跨越的一天。
但若此刻停滞不前，那座山将永远横亘在你面前。

过去，现在与未来

每个人都会犯错，都会遭遇失败。

关键在于，是通过反思省察这些失误，为更美好的明天绘制蓝图，还是回避对过去的深刻反省，试图一味美化它－－-这便是两者之间的本质区别。

我们学习历史的原因，正是因为，如果不能从过去中汲取教训，未来便可能误入歧途。

畏缩不前的原因

总是过分关注他人的看法, 并非源于对失败的恐
惧, 而是担忧他人对我们的失败作何评价。
这种对他人评价的过度敏感, 常常使我们变得畏缩不前。

即便遭遇失败, 跌倒, 受伤, 只要我们学会自爱,
便能在逆境中找到通往未来的道路。
最强大的力量, 是不让自己轻易退缩。

请学会自我激励, 成为自己最坚实的后盾。

四十一岁的青春

我总会想起美国游泳选手托雷斯曾经说过的话。
四十一岁的她，是史上最年长的奥运会银牌得主。面对"如何克服与十六岁选手之间的年龄差距"这一问题，她这样回答：

"泳池里的水并不知道年龄。"

四十一岁，也可以拥有比二十岁更璀璨的青春。"

有时候，直觉胜过知识

我曾面向大学生做过一次讲座。讲座中，有一位调皮的学生突然问我：
"如何区分爱情和友谊呢？"

教室里顿时笑声一片，很多人都在窃窃私语。

我微微一笑，轻声回答道："其实就是一种感觉，是一种'我就知道'
的直觉。"

生活中，我们常常发现，依赖知识与逻辑并不能解决所有问题。
尽管缺乏确凿的依据，但心灵的指引往往能为我们指明正确的方向。

有时候，与其费尽心思，反复权衡，不如尝试放手让直觉引领自己前行。
结果或许并不完美，但很可能会收获一个与众不同，出乎意料的美丽
答案。

如果你现在独自一人

你是一个人吗？
是否感到孤单？
是否觉得辛苦？

或许，这正是你人生中，首次无需他人援助，
独自面对并解决问题的时刻。

孤独，其实是一种自立。
它是给予自己一次独自面对风雨，克服难题的宝贵机会。

生气时，就去发泄怒火

在人际交往中，我时常会遇到这样的问题：
"您也会生气吗？生气的时候应该如何应对呢？"

我的回答其实很简单：当我生气时，就会选择发泄怒火。

我自认为是个耐性尚好的人，通常能平和地对待许多事情，但当情绪触及某个底线，我也会大声宣泄愤怒，甚至在心里暗暗咒骂几句。事实证明，愤怒时，将情绪释放出来是最为妥当的方式。

许多人害怕因发怒而影响别人对自己的印象，于是强迫自己压抑怒火，甚至相信时间会让愤怒自行消散。然而，愤怒如果长久地积压在心里，反而会变成一种隐形的伤害，深深蚕食我们的内心。因此，当愤怒来袭时，释放它，才是驱散内心不安的最好方式。

当然，无缘无故地发脾气，伤害他人，显然是不恰当的；但过度忍耐，也可能变成对自己的折磨。
所以，当你生气时，就大胆地发泄情绪；
当你高兴时，就放声大笑；
当你悲伤时，就尽情哭泣。
真诚地面对和表达自己的情绪，才是维护内心平衡与健康的最佳途径。

喜欢山的原因

我喜欢山。

正因为这份喜爱，我几乎走遍了国内的所有名山，甚至曾花两个月的时间，踏上前往西藏喜马拉雅的旅程。辞去青瓦台民政首席职务后，我又去了尼泊尔，造访安纳普尔纳的壮丽雪山。

记得参加某电视台《治愈营》节目时，制作组特意安排了雪山上的拍摄，以照顾我的喜好。站在冰雪覆盖的山峰间，我的内心格外平静，似乎那些深埋在心底的话语，也能更自然地倾诉而出。

我喜欢山，原因其实很简单：在山中，每个人都是平等的。

无论是富有还是贫穷，拥有权力还是一无所有，无论是成年人还是孩子，站在经历了亿万年时光沉淀的山岳前，我们都显得渺小而脆弱。正因如此，每当我登上山顶，俯瞰广袤的风景时，所有的负担都似乎随着清风散去，我也能更加坦然地面对自己。

置身于山中，我总能静下心来审视自己的内心，细细思考自身的优点与缺点，反省局限，发掘潜力。这是一段只属于自己的，宁静而真挚的时光。

山，是一面最真实的镜子。

它映照出我们的渺小，也启示我们心灵的无限可能。

出发，去旅行！

我曾在印度拉达克和尼泊尔进行了一段长达一个多月的徒步探险。这次旅行，是我从事律师工作十五年来，第一次享受三个月长假的成果。我所在的釜山律师事务所在员工任职满十年后，会提供一次长假。然而，这份假期我一再推迟，直到五年后才终于兑现，踏上旅途。

那次旅行，我手里只带着一张简单的地图，几乎没有依赖任何人的帮助，完全是一场孤身的冒险。整个行程充满了不确定性，路线远比计划中更曲折。但也正是这些不期而至的挑战，让我在迷茫与困惑中发现了许多意想不到的快乐。这些未知和波折，让我的旅程更显深刻，带来了一份份独特的体验与灵感。

我曾在一本书中读到这样一句话：
"如果你的计划已经缜密到没有任何瑕疵，那么最好不要出发。因为，旅行的意义在于遇见那些'漏洞'的经历。"
确实，旅行应当是松弛而自由的。
当你感到疲惫，失去动力，或是生活变得单调乏味时，不妨收拾行囊，毫无计划地出发。别让自己背负过多的目标和日程，就轻装上路吧，去发现未知的风景，去体验全新的事物。
最好选择那些你从未涉足的地方，尝试那些未曾经历的挑战。正是这样的旅程，会让你从中汲取新鲜感与惊喜，为人生增添一抹新鲜的色彩。

为他人鼓掌的人生

每个人都希望自己的人生充满认可与赞美，渴望在掌声的"簇拥"中走完一生。然而，如果有这样一个人：当朋友取得成功时，他能毫不嫉妒，毫无私心，真诚地为对方鼓掌喝彩，那么这个人会是怎样的呢？

他不会因与他人比较而焦虑不安，而是以从容淡定的姿态，按自己的步调，走好属于自己的人生之路。
若能拥有这样的心态与格局，那么，这种为他人鼓掌的人生，又何尝不是一美丽而精彩的人生呢？

关于权威

与其费力伪装权威, 不如主动放下它。
这样的人反而更显权威。

领带随想

在韩国社会, 领带常被视为权威的象征, 既代表着礼仪, 也承载着一种被强制要求的外在标识。然而, 系上领带就一定是得体的表现吗？难道一身整洁, 得体的穿着, 不戴领带, 就无法展现一个人的礼节与品位吗？

当然, 有人可能会批评这种做法, 认为它是不够讲究的表现。然而, 如果"品位"竟能由一条领带决定, 那它还算得上真正的品位吗？过于执着于形式, 容易让我们迷失在表象之中, 忽略了事物的本质；一味追求结果, 也可能使我们失去对过程的珍视与理解。

我希望你不再依赖领带来体现自己的风采, 而是成为一个真正有内涵, 有格调的人。关注内容胜于形式, 珍视过程多于结果。只有这样的你, 才能展现真正的优雅与从容。

给人生加上逗号

"让我们慢慢地走吧, 走吧, 走吧。
如果一直跑得太快, 像是在和人生拼命,
啊, 一只轻轻路过身边的小猫也会被我们忽略,
就这样错过它优雅的身影。"

这是我在釜山竞选活动时偶然听到的一首歌。歌词很有趣, 我特意问了工作人员才知道, 原来是当下倍受欢迎的一位年轻歌手的作品。

年轻的时候, 我们常常被速度裹挟, 害怕落后, 害怕被他人甩在身后。于是, 我们拼命思考如何跑得更快, 走得更远。然而, 奔跑太久, 如果不知道为什么而跑, 也不知道终点在哪里, 那又有何意义? 或许我们会因为迷失方向, 而在原地踟蹰, 再也无法继续前行。

人生的旅途, 重要的从来不是速度, 而是方向。

所以, 请学会在奔跑中, 给自己加上一个"逗号"。当你跑得太快时, 停下脚步, 抬起头看看四周, 哪怕只是片刻间的驻足, 哪怕只是为了多看几眼, 那只悄悄路过身边的小猫。

真心胜过一切技巧

世间万物，眼见未必为实。每每看到年轻人过于在意他人眼光，我总是感到些许惋惜。

"别人会怎么看我？"
"这样做，同事们会不会更认可我？"

这类问题固然值得思考，但若总是将所有精力消耗在迎合外界期待上，我个人并不认同。与其执着于"展示"，不如专注于行动。

虚假的东西或许能一时蒙蔽人心，但终究无法长久。别执着于表面的雕琢，也无需追求过多的花招。唯有真心，才是所有技巧与手段无法取代的力量。

让心灵之债化为心灵之光

每个人的心中都背负着某种"债"。对家人的愧疚之债,因无法常去探望感激之人的歉意之债,以及没能成为更好自己的惋惜之债……这些"债"是我们心灵的负担,每每让人感到压抑。有些人因此而自责,有些人则努力想摆脱这份重压。

但是不妨换个角度去思考。

我相信,这些心灵之债其实可以转化为生活的动力。为"还债"而付出的努力,或许能使我们成为更优秀的父母,更善良的子女,更值得信赖的朋友。

不要让自责吞噬自己,而是怀着坚定的心,一点点去偿还心灵之债吧。

到那时,这份债不仅不会压垮我们,反而会让我们在磨砺中变得熠熠闪光。

优点与缺点

有人曾经指出：优点如果过度，就可能转变成缺点。

谨慎是一种美德，然而过分谨慎可能导致行为拘谨；

开朗是性格中的一抹亮色，但过分活跃有时就会显得轻浮。

愿我们每个人珍视的优点，不会因过度而遗憾地变成缺点。

过犹不及

酒是一种美妙的饮品。

觥筹交错间，便能迅速消弭人与人之间的隔阂与拘谨。

然而一旦过量，问题便会随之而来：

不仅礼节荡然无存，甚至连记忆也会被抹去。

过犹不及，正是我始终将酒局控制在"一轮即止"的原因。

安于现状与全力以赴

回首过去, 我的人生之路充满曲折。

如果当初没有遇到那位比我更富激情的律师卢武铉, 或许我会一直以一个平凡的律师身份, 过着"适度而安逸"的生活。

"不能安于现状! 要全力以赴做到最好!"怀揣这样的信念, 我激烈地奋斗, 也同样激烈地受挫。

即便倾注了所有努力, 世界依然不会完全如我所愿。但正是这些全力以赴的努力, 让我本人不断成长。

人生中至少一次, 请向"卓越"发起挑战, 而非止步于"适度"。
就像哲学家康德离世时那句"到此为止, 足矣"一般, 坦然无憾。

成长与成功

清晨放弃赖床，早早奔赴英语补习班；
周末忘却休息，拼命埋头工作；
连零碎的时间都不曾浪费，永远手不释卷。

即便如此，成功却依然那么遥远，是这样吗？

没关系。即使你暂未迎来成功，但你一定已经获得了成长。

而今，成长正在悄然转化为成功。

真正可怕的，其实是没有经历成长过程而仓促到来的"成功"。

偶尔偏离又如何

"没有问题，才是最大的问题——文在寅*。"

有人这样形容过我。或许是因为我常被视为原则至上的代名词，许多人误以为我的人生从未偏离过正轨，甚至连小小的失误都不曾有过。

然而，真实的我却并非如此。我曾是个不折不扣的"问题少年。"

高中时，我学会了抽烟喝酒，因和朋友饮酒被停学处分；后来又因考试时把答案给朋友抄被再次停学；到了大学，我因参与学生运动而遭到开除，甚至因为违反宵禁规定而被拘留过。

这些记忆自然谈不上骄傲，甚至有些羞于启齿。然而，正是这些不完美的经历，让我学会了接纳多样的思维，也培养了感知多元世界的敏锐触角。

不要总为可能违背规则而战战兢兢，也不必一味追求安逸平稳，循规蹈矩的人生。试着迈出一步，稍稍偏离既定的道路吧。

说不定，你会发现一个全新的世界，邂逅世界上另外一个自己。

---

* 韩语中"文在寅"与"问题人"谐音——译者

第五章

清醒的公民

在批评一个人之前，或者在盲目崇拜某人之前，请用你的眼睛去观察，用你的耳朵去倾听，用你的头脑去判断。不要被轻率的结论所蒙蔽，而是学会耐心地审视与思考。
如果你从未亲自走近一个人，那么他人的声音便会显得格外响亮，甚至不知不觉间，取代了你自己的判断。

• • • • • •

政治与你的距离

请尝试衡量政治与你的距离。

如果你的声音能够被政治听见，或许在不久的将来，世界会向着你所期望的方向改变；但如果你的声音始终无法传达，这个世界很可能会沿着与你愿景背道而驰的道路前行。

不妨再靠近一些吧，对政治多一些关注。即使是批评，也至少让它听见你的声音，这本身就是一种力量，不是吗？

愤怒吧

每一代人都背负着属于自己的责任，而当下，这片土地上的年轻一代同样肩负着对前辈的"债务"。我们的父辈曾以汗水浇灌出"汉江奇迹"，以血肉之躯走上街头，在催泪弹的烟雾中争取自由与民主。他们的奋斗让世界更加富足，为子女们赢得了更多的自由和机会。

然而，这并不是终点。前路依然布满未竟的使命，等待着我们去完成。今天，年轻人所面临的"敌人"，不再是显而易见的贫穷或独裁，而是隐藏在繁荣表象之下的不公与腐败，是伪装成自由的种种不平等与非正义。

我们必须对身边的不公感到愤怒，并以成熟而有力的方式表达这种情绪。真正的政治意识与社会责任感，源于对环境和社会的深刻审视与反思。不要退缩，也不要妥协，而是要勇敢地站出来，直面问题，大胆地表达我们的愤怒，并坚定地提出属于这一代人的要求。

改变那些不合理的惯例

请解开手铐，请松开绑绳，请允许被告人坐下。

面对庭审中对被告人权利的漠视，我曾如此请求。最终，这些不公正的惯例，经过坚持和努力，逐渐被改变。

那些恶劣而不合理的做法，并不会因时间的流逝而自行消失。它们如顽石般盘踞，需要有人勇敢地站出来，用声音去敲击，才能让裂缝出现，让改变发生。

愿下一次勇敢发声的人，就是你。

茶山丁若镛先生

我深深敬佩茶山丁若镛先生。在那个性理学主导思想的时代，他不囿于教条的束缚，以自由的精神探寻真理，展现了卓越智者的非凡风范。

我渴望拥有茶山般的自由精神——一种不为教条主义所囿的独立意志。我拒绝轻易向掌控世界的权威低头，而是选择质疑它，挑战它，与之抗衡。

我始终坚信，真正推动世界前行的，不是某个伟人的权威，而是那不被束缚的自由精神。

坚不可摧的国家

"点燃熔炉,
从新生国家的心脏抽出铁丝,
延展钢筋, 铺展开铁板,
在水泥, 钢铁与希望之上,
建起一个坚不可摧的国家。"

解放初期, 一位诗人用这样的诗句, 勾勒出光复后新国家的梦想——
"坚不可摧的国家"。一个挣脱外来侵略与支配的独立国度, 确实值得
怀抱这样的憧憬与期盼。

自临时政府宣布以"大韩民国"为国号, 宣告"民主共和国"的诞生, 百
年岁月已悄然流转。这百年的风霜洗礼, 让我们在反思中不断成长, 在
风雨中愈发成熟。如今, 我们比以往任何时候都更接近实现这个梦想:
建设一个真正坚不可摧的国家。

耳边回响着南冈李昇薰先生的箴言:"埋在土里的种子破土而出, 从来
不是依赖他人的力量, 它依靠的只能是自己。"

和平的十字架

"维护罗马和平的，不是城墙，而是公民的心。"
同样，韩半岛的和平也不在铁丝网，而在我们人民的心中。
用非武装地带的铁丝网熔铸而成的"和平的十字架"，
在罗马与世界分享，这无疑是一件极具象征意义的事情。

妙不可言的事

聆听音乐，似乎也需要耗费体力。那些年轻时百听不厌的旋律，如今随着年岁的增长，一旦节奏稍显急促，身体便会不自觉地绷紧。因此，我渐渐偏爱上了古典音乐。不再刻意分辨作曲家或曲目，也不强求记住演奏者的名字，只是随意播放，静心聆听，内心便自然感到平静。

想象一下，在遥远的过去，某个素未谋面的陌生人，于2012年的此刻，通过音乐为我带来了如此的慰藉，这难道不是一件妙不可言的事情吗？音乐跨越了时间与空间，触及另一个人的灵魂；世界在我们不经意间，早已编织起一张细密的交流之网——这本身便充满了神奇与温暖。

不妨设想，我今天所做的一件小事，也许会在两百年后传递到遥远的芬兰某个小村庄，触动一位陌生女孩的生活。

正因如此，生命中的每一天，都值得我们郑重度过。

获得掌声的资格

在釜山选举期间，我曾与大家一起伴随《Sunny》跳了一段舞。这是一种新颖的竞选形式——快闪。但说实话，我的舞蹈天赋几乎为零。志愿者们看我练习时，总是忍不住笑着调侃："您不是慢一拍，而是慢了整整两拍。"

终于，首次在市民面前表演的日子到了。我深知丢脸是无法避免的。尽管努力练习过，但身体和音乐始终无法协调一致。在上场前的一个小时，我独自待在房间里，原本想休息一下，然而内心却越来越不安：如果因为我一个人搞砸了整场表演怎么办？于是，我悄悄锁上房门，开始最后的练习。简单的动作——向前后移动，手指上下点指，对我来说依然困难重重。我练到几乎绝望，最终决定放弃，打开门准备出去。

然而，门外的志愿者们却露出了别有深意的笑容。原来，我的一举一动早已被他们尽收眼底——房门上的半透明玻璃，将我的手指上下晃动的影子清晰地投射了出去！我的脸顿时烧得通红，只能故作镇定地走向街头。

音乐响起，我的表演时间到了。果然不出所料，整个动作乱七八糟，始终慢了整整两拍。然而，令我意外的是，市民们不仅没有嘲笑，反而爆发出热烈的掌声和欢笑声。那一刻，我的信心被点燃，动作也随之变得更加投入和欢快。最终，这场因笨拙而别具趣味的快闪表演，竟意外获得了巨大的成功。

人们常常为那些出色的人鼓掌, 但有时候, 也会为那些并不完美却竭尽全力的人献上掌声。只要倾尽全力, 即使不完美, 也完全值得被肯定。

请记住, 只要你全力以赴, 周围的人随时准备为你鼓掌。

坚持不懈的人

是才华横溢的人更让人欣赏, 还是责任感强的人更受欢迎？
是行动力出众的人更值得推崇？ 还是擅长沟通的人更让人青睐？
是事无巨细的人令人放心？ 还是懂得变通的人更受喜爱？
这些人当然都值得称颂。

但即便如此, 我还是最喜欢那种不忘初心, 坚持不懈的人。

心上的老茧

备考司法考试期间，我曾在全罗南道的大兴寺闭关苦读。每天，我为自己设定明确的学习目标，并严格执行。尽管偶尔会有朋友从远方赶来，陪我彻夜畅饮，但思乡之情常常不期而至，扰乱我的心绪。每当这时，我都会对自己坚定地说："无论如何，今天的任务必须完成。"那时，我唯一能做的，就是每一天都全力以赴。长时间伏案苦读的日子里，我的臀部和大腿渐渐磨出了厚厚的老茧。

最终，我成功通过了司法考试，并以第二名的成绩完成了司法研修院的课程。人们赞扬我的聪慧，却无人知晓，那荣耀背后，是用苦读换来的老茧。更不为人知的是，在那些孤独与疲惫的漫漫长夜里，我无数次想冲出寺院，回到家人身边。与思念和无助对抗的日子，早已在我的心上结出了厚厚的老茧。

每个人都有梦想和目标，每个人都曾竭尽全力。但总会有筋疲力尽，不想再坚持的时刻。如果你正处于这样的瞬间，请对自己说：我正在为那柔弱的心灵，一层一层地养成老茧。

实现梦想的关键，不在于天赋，而在于历久弥坚的坚韧与执着。心上的老茧愈厚，梦想和目标也将离你愈近。

活在今天的方式

示威,
被拘留,
退学,
服兵役,
放荡不羁。

在父亲离世之前, 他眼中的我, 似乎始终是这些形象之一。没有哪一种能让他感到一丝安慰, 我的存在仿佛总是与他的期望背道而驰。

每当回忆起父亲, 遗憾与愧疚便如潮水般涌来。在那些艰难的岁月里, 他以辛勤的劳作支撑家庭, 只为让我能进入大学, 而我却始终未能展现出令他自豪的一面。如今, 他或许仍以这些形象之一记忆着我, 最令人痛心的是, 我再也没有机会向他证明我的改变。

如果你觉得今天的生活过于艰难, 不妨试着这样思考:"今天的我, 或许正是我所爱之人记忆中的最后形象。"尽管换角度思考并不容易, 却能让你的面容变得更加柔和, 而你的行为, 也会因此而变得不同。

文在寅与"花牌（go-stop）"

你问我会不会打"花牌"？当然会。怎么，我这个参与过学生运动，从事过人权律师职业，甚至在青瓦台工作过的人，居然也会玩花牌——这让你感到失望了吗？事实上，即使到了现在，每逢节日家人团聚，我仍会陪母亲坐下，摆开花牌，悠然自得地玩上一局。

可这究竟为什么会让你失望呢？是因为"花牌"是一种被认为不入流的娱乐方式吗？其实并非如此。真正的原因在于，你脑海中对"文在寅"这三个字早已形成了某种既定印象，而在那个形象中，从来没有"打花牌"的模样。或许你只是听了几句别人的描述，就匆匆为"文在寅"勾勒出了固定的轮廓。

所以，在批评一个人之前，或者在盲目崇拜某人之前，请用你的眼睛去观察，用你的耳朵去倾听，用你的头脑去判断。不要被轻率的结论所蒙蔽，而是学会耐心地审视与思考。

如果你从未亲自走近一个人，那么他人的声音便会显得格外响亮，甚至不知不觉间，取代了你自己的判断。

夫妻之间最重要的一件事

夫妻之间需要信任，
需要体贴，
需要责任感，
需要相互尊重，
也需要彼此相爱。

在这一切之中，最为重要，最应该摆在首位的便是爱。
然而我认为，在"爱"之前还有一事更为重要，那，就是真诚。

文在寅的"对手"

我从"对手"的梦想中，丈量自己渴望的高度；

从"对手"洒下的汗水里，体悟努力的分量；

当"对手"的目光转向新的方向，我便毫不犹豫地调整自己的脚步；

当"对手"专注于自己的目标，我也会认真审视自身的姿态。

我深知，"对手"的幸福，就是我的幸福。

我的"对手"并非他人，正是我的妻子。

留给家人的信

在特战部队的空降训练中，跳伞是必须掌握的科目。从高空跃出飞机，仅凭一把降落伞，将生命托付于风，迎接那未知的着陆——这是每个队员都必须经历的挑战。起初，我也只是将其视为一项普通的训练任务：既然这是大家都要完成的，那我也就跟着做吧。

然而，在首次跳伞的前夜，我才突然明白：这远不止是一项简单的训练。因为上级要求我们剪下手指甲和头发，并留一封家信给家人。那不仅仅是一封普通家书，更像是一封留给家人的遗书，暗示着死亡并非遥远的存在。听说，有人真的在这样的训练中不幸遇难。

写信的过程中，我的心仿佛被无形的重物敲击，空洞而沉重。因为所谓"写给家人的信"，实际上是一封"留给家人的信"，那一刻，我才真正明白了其中的含义。

我们总是在面临极限挑战的时刻，才会本能地第一时间想起家人。不是金钱，也不是工作，而是深藏于内心深处的亲情。可是在平日的生活中，我们却往往因琐碎的柴米油盐，因繁忙的工作，因追逐和迷失于欲望而忽略了他们。

如果此刻有人要求你写下一封最后的家信，你会写些什么？ 那些字里行间会不会满溢遗憾与悔恨？

如果你足够幸运，不必在今天就写下这样一封信，那么请务必珍惜当下，珍惜与家人共度的每一刻，尽可能地减少和避免，那些可能会被写进信里的悔恨和遗憾吧。

他人眼中的我

我曾参加过一次研讨会，自认为发言清晰流畅，条理分明。然而，研讨会结束后，一位好友却向我指出，在整场讨论中，我竟然使用了"现在"这个词超过三十次。

"因此，我们的政治现在需要超越派系的分歧。"
"而现在，一旦选举开始，数百万人将参与其中。"
"现在，中国已经超越了美国和日本……"

无论是分析局势，还是论证观点，我的发言中总是不由自主地反复使用"现在"这一词汇。虽然早知道"现在"是我的口头禅，但从未意识到它的频率竟如此之高。

这让我明白，有时他人眼中的自己或许比自我感知来得更加真实。多听听别人的意见，不仅能发现自己的不足，还能帮助我们看清那些被忽视的细节。

人们常说"不要在意他人的目光"，但这并不意味着，我们应该对外界的声音充耳不闻。

真的无法舍弃

这是我参加《Healing Camp》节目时的一段往事。节目中谈及卢武铉总统的遗书，刹那间，我的视线模糊，耳畔仿佛失去了所有声音。主持人问了什么，我全然记不得，只是本能地回答了一句：

"真的，无法舍弃。"

那封遗书至今仍静静地躺在我的钱包里。每每触及它，心头总会涌上一阵隐隐的刺痛。然而，这份痛楚并非纯然的悲伤——那些与他共度的时光也会随之浮现，带着些许寂寥的苦笑悄然爬上嘴角。

每个人心中或许都藏有某些无法舍弃的东西。我从不认为这些应该被称为"执念"。或许正是因为这些无法割舍的记忆和情感，我们才有了继续前进的理由。

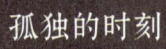

孤独的时刻

入睡前，
若孤独感突然袭来，
不妨这样想：
或许有人从清晨开始，
就已深陷于孤独之中了。

敲响计算器之前

如今，连选择人生伴侣这样的决定都难逃精打细算的命运，"婚姻理财"这样的新词也就应运而生。不仅仅是爱情，步入社会后，那些校园时代单纯美好的友情似乎也随着时间的流逝发生了微妙的变化。据说，现在的人们会有意无意地为朋友分类：只见一次便再无交集的人；因为有求于人而需要频繁联络的人；保持关系虽无特别收益但也无损失的泛泛之交。

可是，那用来衡量人情的"计算器"究竟是什么模样？是显示屏上布满人脸的数字工具吗？不，世界上根本不存在这样的"计算器"。或许，这恰恰是在提醒我们：人与人之间的关系，不该动辄拿起一把尺子去衡量得失。

第一次遇见卢武铉律师时，我们两人的手中都没有什"计算器"。正因为我们从未曾心存算计，才能在彼此的生命中成为至真至深的挚友。

清醒的公民

"清醒的公民"——这是我最钟爱的一句话。在提出"以人为本"这一口号之前，我的签名总是由这六个字组成。这句话蕴含的意义深刻而明确：政治并非远在天边的事物，而是与每个公民息息相关。它召唤人们以清醒的态度参与其中，怀抱热忱，以实际行动推动社会的前行。

"清醒的公民"的反面，也许正是"沉睡的公民"。无论外界的喧嚣多么震耳欲聋，这些人依然沉浸在梦境中，对现实充耳不闻，视而不见。沉睡的公民越多，社会便越趋向停滞，如同一潭死水；而清醒的公民越多，社会就能焕发活力，迈向更加光明的未来。

请成为一名清醒的公民。清醒的第一步，是唤醒沉睡的自己；更重要的是，将清醒的光芒传递给身边的亲人，朋友，让他们也从梦境中醒来。当清醒的声音汇聚成洪流，便会势不可挡，引领我们推开新时代的大门。

第六章

我们要构建的世界

鸟儿依靠左翼与右翼，方能翱翔天际；

河流因左右曲折蜿蜒，才能奔向大海。

仅凭一侧翅膀，鸟儿始终无法展翅飞翔；

执意一条直道，河流终难汇入幽深的海洋。

在久远的未来寻找我们的未来

穿越喜马拉雅山的拉达克，这片被誉为"久远的未来之地"，我不禁陷入了深深的沉思。

随着脚步的延续，与这片土地的过去默然对话，我不由得反问自己：我们如今究竟正在通往何方？我们所追求的未来，是否真是我们所期待的模样？

在这样匆忙的奔波中，我们仿佛被一股无形的力量推搡着，追逐着。可这样的方向，真的正确吗？是否正是我们过度的贪念与执着，正在一点点摧毁我们自身，连同这个世界？我们是否就像一辆失控的车，失去了刹车，在陡坡上狂奔，最终滑向深渊？

思索良久，我得出的结论是：从我们现今的模样中，难以窥见真正的未来曙光。或许，我们早已知晓那个真正的未来该是什么模样，只是选择了佯装不知，闭口不谈罢了。

在"久远的未来之地"感受到的慢生活哲学，或许正是我们熟悉却故意忽略的答案。那，难道不是我们真正应该迈向的未来吗？

二、三十岁青年的责任

在韩国, 20多岁和30多岁的人口占全国的一半。这股庞大的年轻力量若能团结一致, 将拥有改变一切的潜力。然而遗憾的是, 在今天的社会中, 这些年轻人的声音却几乎未曾真正得到体现。问题不在于他们缺乏愤怒, 而在于愤怒止步于情绪, 未能凝聚成力量, 更未能转化为行动。

去投票吧。这是改变社会最直接, 最迅速的方法。如果投票不足以解决问题, 那就召集与你志同道合的人们, 勇敢地发出你的声音, 明确提出你的诉求, 并采取具体行动。一定要这样去做。

韩国是一个民主国家, 一个以人民为主人的国家。而作为这片土地的主人, 唯有你挺身而出, 世界才会随之改变。

化解矛盾的方法

世上根本不存在意见完全一致的地方。只要有人群的存在，矛盾便如影随形。与其奢望一个毫无冲突的理想世界，不如更现实地努力构建一个能够妥善调解和化解矛盾的社会。

在我看来，化解矛盾并不需要什么特别的方法，其核心就在于对话。而真正有效的对话，不是敷衍了事的应付，而是全身心的倾听——用心倾听。在倾听中，我们需要放下成见，敞开心扉，耐心地听完矛盾双方的每一句诉说。唯有这样，才能找到那隐藏在纷争深处的解决之道。

可是，如果倾听到最后仍旧未能找到答案，该怎么办呢？那就从头再听一遍吧。

我抱怨

《塔木德》中有句智慧之言："要了解一个人，就看他的钱包，他的快乐和他的抱怨。"尤其是一个人的抱怨，往往最能鲜明地显露出他的本质。

我要抱怨。

我抱怨：为什么普通人的生活如此艰难，现实却让人不得不背负沉重的负担一路前行；抱怨就业的不安，居住的不安，雇佣的不安，养老的不安，抱怨人们每天只能盖着承载各种不安的被子入睡；抱怨公平与正义的身影愈加模糊，抱怨房子，汽车和名片这些冰冷的符号竟成了衡量人类价值的标尺；抱怨孩子的出生已是一种奢侈，而孩子的养育更成了一场无止境的搏斗。

然而，当这些抱怨不再只是个人的低语，而是化为众人齐声的呐喊时，便会蜕变为一种力量，如狂风呼啸，如洪流奔涌，推动这个世界的改变。

直到那一刻来临之前，我会执着地抱怨下去。

喝杯烧酒吧

喝杯烧酒吧。

为今日脱下丧服, 喝一杯 ;

为这流逝的三年, 喝一杯 ;

为"亲卢"一词依旧弥漫的敌意, 喝一杯 ;

为辞去卢武铉财团理事长后迈入陌生世界的惶恐, 喝一杯 ;

为肩上沉重如山的期望, 喝一杯 ;

为他先于我经历的这一切, 为他曾独自面对过的孤独, 喝一杯。

* 这段文字写于2012年5月23日, 卢武铉总统逝世三周年纪念日当夜, 记录于推特。

对待"敌人"的态度

生活中，我们无法避免与他人结下敌意。

关键不在于"敌人"的存在，而在于我们如何面对这些"敌人"。即便对方的立场与我格格不入，也应尝试站在他们的视角，去思考他们为何会如此不同。

鸟儿依靠左翼与右翼，方能翱翔天际；
河流因左右曲折蜿蜒，才能奔向大海。
仅凭一侧翅膀，鸟儿始终无法展翅飞翔；
执意一条直道，河流终难汇入幽深的海洋。

或许，我们最大的"敌人"，不是别人，而是那个固执己见，一意孤行的自我吧？

存在的理由

感谢那些需要我的人，正因如此，我才有了更加努力的理由；
感谢那些怀疑我的人，正因如此，我才有了更加诚实的理由；
感谢那些理解我的人，正因如此，我才有了时刻督促自己不忘初心的理由。
感谢那些憎恶我的人，正因如此，我才有了让自己更加坚韧强大的理由。
无论是喜欢我的人，还是不喜欢我的人，他们都让我受益匪浅。

这个世界上，没有一个人的存在是多余的。

对选择的尊重

有人说, 选举并非是为了选出最优秀的人, 而是为了淘汰那些最糟糕的人。

然而, 我并不满足于成为"不太糟糕"的那一个。

在我看来, 政治家对选民应有的最基本尊重, 并不应仅仅是提供"略优"或"稍逊"的选择, 而是应该让选民拥有做出最佳选择的权利。

因何成为孤家寡人

在政治领域, 赢得民众的认同至关重要。即使某项政策再正确, 若未能获得民众的支持, 也不应凭借权力强行推行。我相信, 这一原则同样适用于学校, 职场, 甚至家庭。

身处群体之中, 哪怕是一句简单的话, 也需要获得他人的认可。当然, 这并不意味着每次开口都要逐一征求大家的许可, 而是要学会观察, 敏锐感知他人是否对你所言感兴趣。

如果完全忽视他人的存在, 只顾自说自话, 最终只会沦为一个独自倾诉, 又独自聆听的孤家寡人。

关于"教导"

在法学院求学期间，正值《维新宪法》制定的时期。这部宪法的目的，是为帮助朴正熙总统实现长期执政铺平道路。

那段时间，一位法学教授上课时，从不与学生对视。他整堂课都只是凝望着空中，若有所思地讲授着内容。尽管没人开口询问他为何如此，但我们都能感受到他目光中的深意。

所谓"教导"，并不只是将知识拾起后递到学生手中那么简单。老师的言行举止，语气神态，甚至一个眼神，往往都蕴含着更深刻的教诲。

有时，无声的教导，反而是一种更深刻的教育。

《无限挑战》给我的启示

《无限挑战》是深受国民喜爱的电视节目之一。在MBC罢工的漫长日子里，不少粉丝感慨道："没有了它，周六就再也不像周六了。"自我步入青瓦台以来，几乎未曾静下心来看过电视，但对于观众为何对这档节目如此痴迷，我心中始终充满好奇。

答案，竟在一次偶然的观看中悄然浮现。

那些并不出类拔萃的人，却在看似微不足道的小事上倾尽全力，以炽热的热情与执着的信念，将不可能化为可能。他们在激烈竞争中拼尽全力，却又能在关键时刻彼此扶持，珍惜，最终合力完成挑战。即便失败，也能很快擦去脸上的痕迹，带着笑容踏上下一次征途。

那一次的偶然，让我读懂了《无限挑战》的深意。原来，国民真正热爱与渴求的，并非那些从不犯错的完美之人，而是那些即使跌倒无数次，依然怀揣赤诚重新站起，勇于再次起航的人。他们用炽热的心温暖他人，用真挚的勇气点燃希望，成为了这片土地上最能打动人心的力量。

大韩民国的每一个角落

我出生在巨济岛。那时的巨济岛挤满了从北方逃来的难民,我们家也不例外,是从兴南撤离的避难者。

不久前,我再次回到了那里,找到了我出生时的那所房子。当年,我们一家寄住在一户人家中,而母亲怀我的时候,房东夫人也正怀着身孕。在那个忌讳同一屋檐下诞生两个孩子的年代,我不得不在别处出生。

在那里,我见到了当年为我剪脐带的那位老人,也重新踏入了我小时候住过的那间房。模糊的记忆渐渐苏醒:一张小小的榻榻米上,一个稚气未脱的孩子翻滚玩闹。而如今,他已满头花白,坐在同一房间,凝视过往。环顾四周,一切似乎未曾改变,仿佛岁月在这里停下了脚步。

60年的时光流转,外面的世界早已焕然一新,这里却依旧笼罩在贫穷的阴影中。

我们的国家,首都圈与地方之间的差距过于悬殊。大学向首都圈集中,人们向首都圈迁移,企业与财富也纷纷涌向首都圈。这一现象,早已成为一道难解的顽疾。

我始终相信，政治的意义在于拨正失衡的天平，将过于倾斜的力量重新分布。我的梦想，是一幅首尔与地方彼此平衡，共同繁荣的画面。这幅蓝图，是我心底最深的渴望，是为之奋斗的初心。

温情世界

既然要喝咖啡，何不选择那种未剥削童工，以公平价格交易的咖啡，品尝时多一份安心？

既然要穿毛衣，何不挑选那些帮助尼泊尔某个村庄女性自立的毛衣，披上时多一份温暖？

既然要品尝豆腐，何不选用无农药培育的本地大豆制成的豆腐，入口时多一份健康？

既然要洗脸，何不试试移民女性亲手种植的天然草本制成的香皂，感受那一份清新与自然？

如果每一次消费，我们都能怀着这样的善意，做出这样的选择，这个世界是不是会因此更加温柔，更加美好呢？

译者 **王艳丽**

文学博士，现任教于吉林大学。研究方向为中韩文学，文化比较与翻译。多年从事口笔译工作，曾获韩国文学翻译院第十届韩国文学翻译新人奖；多次获得各大机构文学翻译资金及项目。译著有《浪漫之爱与社会》，《韩国古典宫廷小说选--恨中录》，《翻译与中国现代性》，《这里是罗德斯：东亚国际主义的理想与现实》，《一本书读懂朝鲜王朝实录》等；译作有《黄东奎诗选》，《申京淑：打羽毛球的女子》，《韩国女作家六人短篇小说辑》（《作家》杂志刊登），崔恩荣《祥子的微笑》（《外国文艺》刊登）等。

来自文在寅的一慰藉

首印1刷　2025年2月14日

作　者　文在寅
译　者　王艳丽
发行人　張榮在
出版社　MirBook Publishing Company
子公司　THEHUMAN
T E L　02-3141-4421
F A X　0505-333-4428
登　记　2012年3月16日（第313-2012-81号）
地　址　首尔市麻浦区成美山路32Gil, 2F（邮编03983）
E mail　sanhonjinju@naver.com
C a f é　cafe.naver.com/mirbookcompany
S N S　www.instagram.com/mirbooks

* MirBook Publishing Company 时刻聆听广大读者们的意见
* 如有破损请在购买的书店调换
* 定价请见封底